AF410968

LES VILLES DISPARUES
ET LA CÔTE DU PAYS DE MÉDOC

D'APRÈS LA GÉOLOGIE
LA CARTOGRAPHIE ET L'HISTOIRE

PAR

M. AUGUSTE PAWLOWSKI

LICENCIÉ ÈS LETTRES, ANCIEN ÉLÈVE DE L'ÉCOLE DES CHARTES,
MEMBRE DE LA SOCIÉTÉ DE GÉOGRAPHIE DE ROCHEFORT

(Extrait du *Bulletin de géographie historique et descriptive*, N° 2. — 1903)

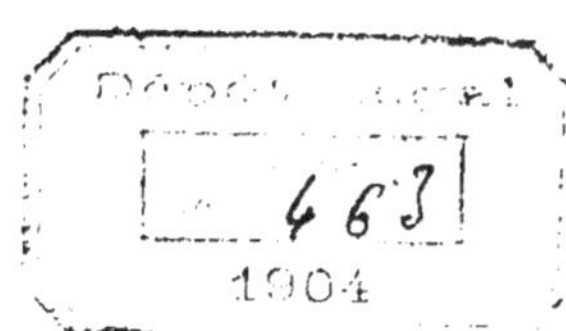

PARIS

IMPRIMERIE NATIONALE

MDCCCCIII

LES VILLES DISPARUES

ET LA CÔTE DU PAYS DE MÉDOC,

D'APRÈS LA GÉOLOGIE,

LA CARTOGRAPHIE ET L'HISTOIRE.

L'étude des modifications du littoral poitevin [1] m'avait conduit à rechercher le régime des atterrissements dans l'antique golfe du Poitou; celle des transformations du pays d'Arvert [2], à reconnaître les érosions de l'Océan sur les rivages de la Saintonge et les apports océaniques dans la baie de la Seudre.

Ce dernier mémoire, lu au Congrès de 1902, exigeait un complément immédiat : l'examen des variations du pays de Médoc, où s'exercent simultanément les actions destructrice de la mer et reconstitutrice de la Gironde.

Nulle question de la géographie comparée n'a peut-être fait couler autant d'encre que celle qui nous occupe aujourd'hui. Aussi ne croyons-nous pas devoir en faire même un rapide historique [3]. On en trouvera les éléments au cours de ce travail.

[1] *Le Golfe du Poitou à travers les âges;* Paris, Imp. nat., 1902, in-8°, extr. du *Bull. de géogr. hist. et descript.*, 1901, n° 3.

[2] *Les Pays d'Arvert et de Vaux;* Paris, Impr. nat., 1903, in-8°, extr. du même *Bull.*, 1902, n° 3.

[3] Citons toutefois Maurice DURANT, *De Mutationibus oræ fluvialis et maritimæ in peninsula Medulorum et Garumnæ fluminis ostio;* Bordeaux, 1895, in-8°; et Pierre BUFFAULT, *Étude sur la côte et les dunes du Médoc;* Souvigny (Allier), 1897, in-8°.

Si l'on excepte le golfe de Morbihan et les relais du Marquenterre, on peut considérer la région qui avoisine Cordouan comme celle qui a subi les vicissitudes les plus diverses et les plus étranges, le remaniement le plus complet.

Le Médoc est essentiellement limité : à l'Ouest, par l'Océan; à l'Est et au Nord-Est, par la Gironde, bras de mer plus encore qu'estuaire fluvial; au Sud, par le golfe d'Arcachon et la ligne qui, partant du lac, rejoint Bordeaux à travers l'ancien pays des Boii. Les transformations les plus caractéristiques se sont effectuées : au Nord, dans la péninsule de Grave, sous l'influence érosive de l'Océan; à l'Ouest, vers Hourtin et Lacanau, par la marche incessante des dunes; à l'Est[1], de Pauillac au Verdon, par les dépôts limoneux de la Garonne[2]. On ne saurait trop faire observer que des phénomènes comparables ont altéré la physionomie du pays de Harlem. Les variations du bas-Médoc peuvent être considérées comme typiques. Nul ne les a, je crois, mieux définies que Reclus[3] en ces termes : «La presqu'île s'est déplacée. Elle a cheminé vers l'Est, ou plutôt le Sud-Est. On dirait qu'elle a tourné sur sa base, comme sur une charnière, pour s'incliner constamment vers la droite et décrire avec sa pointe un grand arc de cercle sur la surface de l'estuaire.» Ce qui revient à dire qu'elle occupait la passe actuelle de Grave et les bancs littoraux de l'Atlantique[4], tandis que le fleuve baignait de ses flots les bas-terrains de la rive gauche. Mais, poussées par l'Océan, les dunes continentales se rejetaient vers l'Est[5] et, repous-

---

[1] Leur vitesse, en 1707, était de dix toises par marée. Masse, *Mémoire du 2ᵉ carré de Médoc*; La Rochelle, 1707, 2 ff. Archives du Ministère de la Guerre.

[2] «On accordera facilement que, si la pointe du Médoc se détruit, elle n'éprouve cette destruction que jusqu'à une certaine distance au Sud, et que là il y a plutôt apport qu'affouillement.» *Rapport du 17 août 1840 à la Commission des Dunes* (Arch. du Minist. des Travaux publics).

[3] *Dict. des communes de France*, par Joanne; Paris, 1869, 2 vol. in-8°, t. I : introduction de MM. Élie et Élisée Reclus, p. 47. — Jules Girard, *Soulèvements et dépressions sur les côtes de France*, dans *Soc. de Géogr. de Paris*, sept. 1875, p. 238. — Reclus, *Nouv. Géogr. univ. : la France*, p. 104. — Mezuret, *Notre-Dame de Soulac ou de la Fin des terres*; Lesparre, 1863, in-8°, p. 26.

[4] Masse offre à cet égard un texte capital : «Où est la plus haute montagne, au Nord-Ouest de la Chapelle, il y avait de bonnes maisons; de mer basse, on voit des restes de *salines* et des souches d'arbres» (*Mém. sur le 1ᵉʳ carré de Médoc*; La Rochelle, 1707, 8 ff.).

[5] Delesse, *Lithologie du fond des mers de France*; Paris, 1872, in-8°, p. 187.

sant ou élevant les étangs[1], faisaient reculer la Gironde qui, par contre-coup, sapait les falaises du Talmondais et du Royannais. La théorie de Reclus n'a pas été démontrée. Nous allons voir que la géologie, l'histoire, les traditions, la cartographie donnent raison à l'hypothèse de l'illustre géographe.

I

Le sol continental du Médoc est entièrement d'origine tertiaire[2]. Le pays est un immense golfe des premières étapes géologiques[3]. A la surface, les grains aux arêtes vives des silices quartzeux se mêlent à des éléments d'argillites. Les infiltrations organiques ont transformé la zone intermédiaire en alios[4]. Le sol sous-marin n'est ici, comme au large du rivage arvertois, que la continuation de l'assise tertiaire continentale[5] et des sables superficiels : sables quartzeux, imprégnés de schistes siliceux, de mica, de fer oxydulé[6], carbonates de chaux venant des mollusques[7], d'ailleurs en faible quantité[8], alios, vase durcie du sol landais[9], graviers caillouteux à l'orée des estuaires disparus[10].

[1] Reclus (*La Terre*, t. II, p. 352) dit que les étangs «ont gravi la pente du continent».

[2] F. Casu, *Essai de paléo-géographie*, atlas; Paris, 1896, in-4° oblong.

[3] *Carentonensis sinus*, de Coquand; *Inculismensis sinus*, du même; *Santonicus sinus*, du même; *Campaniensis sinus*, *Duranius sinus*, du même; *Garumnicus sinus*, de Leym; *Blavius sinus*, *Biarritzensis sinus* (M. E., 1857); *Estephensis sinus*, de Lapp; *Anomya sinus*, de Vasseur; *Crenaster sinus*, de Orb (1852); *Aquitannicum mare* (M. E., 1857): *Leognanus sinus*, de Auct; *Armignacum mare*. — Brémontier (*Mémoire sur les dunes*; Paris, an v, in-8°, p. 26) dit que «le terrain a été abandonné par la mer, car les fossiles sont à peine durs, et semblables à ceux des mers environnantes».

[4] Delesse, p. 186.

[5] V. Raulin, *Géogr. girondine*; Bordeaux, 1859, in-8°, p. 75. — L.-H. Fabre, *Les Plateaux des Hautes-Pyrénées et les dunes de Gascogne*; Paris, 1901, in-8°, 14 pages, extr. du *Compte rendu du 8° Congrès de Géologie*, Paris, 1900.

[6] Delesse, p. 185-186.

[7] Manquent sur la plage du Flamand, Nord-Ouest d'Hourtin. Delesse, p. 185.

[8] Inférieur à 1/100, sauf au sud du cap Ferret.

[9] C'est une argillitte vert grisâtre, parsemée de coquilles, contenant du quartz et du mica. Delesse, p. 185.

[10] Surtout à l'embouchure de la Gironde, où la composition des dépôts est

Le fond océanique n'est pas seulement le prolongement des terres du Médoc dans sa composition, il l'est aussi dans sa forme. La péninsule et les landes dessinent, en effet, une carapace de tortue. Le plateau intérieur s'incline doucement vers les bords et se perd insensiblement jusqu'aux hauts-fonds du large[1] où une falaise lui sert de support[2].

On pourrait déclarer que la limite de l'ancien rivage, aux dates les plus lointaines, se confond avec l'extrémité occidentale du pliocène landais[3]. Cette terrasse sous-marine perd de sa largeur en

analogue à celle de l'embouchure de l'Adour. DELESSE (p. 186) en donne la composition suivante :

Quartz hyalin, blanc ou jaunâtre	90.7
Quartz hyalin, brun jaunâtre, opaque	2,3
Quartzite noir et ophite	0.2
Calcaire blanc, crétacé	3.2
Coquilles brisées	3,5
	99.9

Les cailloux atteignent à Cordouan la grosseur d'un pois (V. RACLAN, *Notes géol. sur l'Aquitaine*; Bordeaux et Paris, 1859, in-8°, p. XLVII).

[1] DELESSE, p. 186.

[2] THOULET, *Observations océanographiques faites pendant la campagne du Caudan dans le golfe de Gascogne, en avril 1895*, dans *Ann. de géographie*, 1896 (1895), p. 355-356. La comparaison des fonds marins est typique. La voici, d'après M. BOUQUET DE LA GRYE (*Pilote des côtes Ouest de la France*, t. II, de Loire à Bidassoa; Paris, 1873, in-8, p. 233) :

	mètres.		mètres.
A 9 milles de Cordouan...	20	A 2 milles à l'Ouest de la	
11	30	passe Sud	20
23	50	24	75
45	100	39	100
53	110	77	150
62	120	(*Ibid.*, p. 235.)	
78	130		
90	300		

Les fonds de 150 mètres sont à 166 kilomètres de Cordouan, à 112 de la berle de Lupian, à 93 N. de Lacanau, à 72 S. du Porge. (DURNAIT, *Topogr. anc. des étangs d'Hourtin et de Lacanau*, dans *Soc. de géogr. de Bordeaux*, 1896, p. 359.)

[3] DELESSE, p. 187. D'après DURNAIT (*Étude sur la topogr. anc. du Bas-Médoc et de l'embouchure de la Gironde*, dans *Bull. de la Soc. de géogr. de Bordeaux*, 1898, p. 1-7), «le tracé général du rivage est en discordance avec les courbes sous-marines et la carte du service hydrographique de 1894 (sondages de 1892)».

allant du Nord au Sud. Comptant 160 kilomètres en Vendée, elle n'en a plus que 120 à Cordouan, 60 devant la Teste, 30 à la hauteur de Cap-Breton [1].

La pente orientale du plateau médocain, sur la Gironde, est l'objet d'un colmatage permanent du fleuve [2]. En peut-il être autrement si l'on songe aux statistiques de notre savant confrère M. Hautreux [3], qui évalue à 150 ou 200 mille mètres cubes à la seconde la masse mise en mouvement, à chaque marée, par la Gironde entre le Verdon et Royan. La vase transportée, d'après les calculs de M. Hautreux, figure pour 75 ou 100 mille kilogrammes à la seconde. De là, les bancs toujours plus nombreux, qui encombrent le lit de la Garonne, menaçant l'avenir de Bordeaux et de Pauillac [4]. Il faut ajouter à ces dépôts vaseux les apports de

[1] V. Raulin, *Notes géol. sur l'Aquitaine*, p. 110. — Delesse, p. 300. Thoulet, *op. cit.*, p. 353-367. — Bocolet de la Gaye, *Pilote*, p. 303.

[2] «Les rives de la Gironde, à l'Ouest, ont été jadis plus étendues et devaient aller jusqu'aux coteaux de terre ferme. Quand on creuse des fossés profonds, des puits et fondations de maisons, on trouve souvent des arbres enterrés et des débris de vaisseaux, et les espaces qui sont aujourd'hui en prairies fermes sont garantis des inondations par des digues ou par des levées naturelles formées par le limon ou vase». Masse, *Mémoire du 54e carré*, 1794. — Cf. A. Pawlowski, *Pays d'Arvert*, p. 32. — Mézuret, p. 21-27 : «A l'anse des Huttes, on a enlevé une couche d'argile de 80 centimètres, où l'on distinguait des traces de fossés et des troncs de saules. Sur la nouvelle couche d'argile apparaissaient deux abreuvoirs circulaires aux parois revêtues de piquets verticaux, sans écorce, et reliés par des clayons horizontaux. Plus loin, ce furent des pas de bœufs et d'hommes, des moellons, des briques, des débris d'huitres. La plage de l'Océan est dans l'ancien marais de Gironde... En 1865, un dessablement a permis de constater à Soulac une partie sans vase, plus élevée que les environs. Là devait être la grève primitive de *Noviomagus*». — «Dans les mattes entre Castillon et le Verdon, les eaux traversent des lits de coquilles altérées». Joannet, *Statistique de la Gironde*; Paris, 1837-1839 et 1847 (Suppl.), in-4, t. Ier, p. 19. — Plus au Sud, près de Reyson, on a trouvé des ancres dans le marais. Beaunein, *Variétés Bordeloises*; Bordeaux, 1876 et suiv., 4 vol. in-8° (dont 1 de supplément).

[3] *Sables et vases de la Gironde*, dans *Mém. de la Soc. des sciences phys. et natur. de Bordeaux*, sept. 1886, 3e série, t. II, p. 325. — Du même, *Mouvements des sables de la Gironde depuis deux cents ans*; Bordeaux, 1898, in-8°, de 15 pages. — Cf. Baumgarten, *Notice sur la portion de la Garonne qui s'étend en aval de l'embouchure du Lot*, dans *Annales des Ponts et Chaussées*, mém. et docum.; Paris, 1843, 2e sem., t. XVI. Il évalue à 5,203,440 mètres cubes la vase entrainée en cinq ans par la Garonne.

[4] «Le fond de la rivière de Bordeaux change fort souvent à cause des différents bancs de sable et vase qui sont mouvants, changent de place et de figures

sables [1]. Il a été constaté, à l'inverse de ce qui se passe pour la Gironde, que les ruisseaux landais ne déposaient presque rien [2].

Pour nous résumer, la géologie démontre l'érosion du littoral océanique du Médoc et le colmatage régulier de la rive gauche de la Gironde [3]. Tandis qu'au Nord de l'embouchure la Coubre s'accroîtrait vers l'Ouest par l'alluvionnement, au Sud de l'estuaire le progrès se fait donc vers l'Est [4].

Si l'Océan a envahi le rivage occidental de la presqu'île médocaine, à quelle cause faut-il attribuer ce phénomène? De nombreux géologues ont estimé que la pente actuellement submergée du plateau s'était affaissée brusquement ou successivement [5];

d'où provient qu'en des endroits il y a beaucoup d'eau dans un temps et quelquefois au bout de huit ou dix jours il y en a fort peu, et souvent il s'y trouve un banc, et à un autre temps il n'y est plus». MASSE, *Mém. du 53ᵉ carré de partie de Saintonge*, etc.; La Rochelle, 1723, 10 ff. — Les bancs occupaient, en 1825, 1816 hectares. Il y eut diminution vers 1842, époque à laquelle Pairier évalue leur étendue à 1774 hectares (HAUTREUX, *Sables*, etc., p. 331). De 1825 à 1874, le dépôt atteignit 158 millions de mètres cubes, selon M. Bouquet de la Grye. Pourtant Manen a montré que le chenal entre ces deux dates conservait sa profondeur. Mieux, les bancs de By, Castillon et Cadourne, signalés par Bellin (1751), ont disparu. Mais il n'y a là qu'une apparence. Les vases n'ont fait que se déplacer (HAUTREUX, *ibid.*, p. 331). Les bancs de Talais, depuis 1825, ceux de Saint-Georges, depuis 1853, etc., se sont élevés (DELFORTRIE, *L'Avenir du port de Bordeaux*, dans *Actes de la Soc. linnéenne de Bordeaux*, 1869, t. XXVII, p. 445).

(1) Noirs, sans graviers et chargés en mica, de Pauillac au Verdon; jaunes, graveleux, coquilliers et faibles en mica, hors de l'estuaire (HAUTREUX, *ibid.*, p. 336). — DELESSE, p. 190. — «Les vases et sables de la Garonne élèvent le fond de la Gironde» (MASSE, Renvois de la carte générale du Bas-Poitou, 1719).

(2) FALLOT, *Sur une carte géol. des environs de Bordeaux*, dans *Bull. de la Soc. de géogr. de Bordeaux*, 1896, p. 425.

(3) MANÈS, *Étude sur le port de Bordeaux*, dans *Actes de l'Acad. de Bordeaux*, 1867, p. 165.

(4) DELESSE, p. 190. — Cf. BOUQUET DE LA GRYE, *Dynamique de la mer, régime des pertuis*, dans *Assoc. franç. pour l'avancement des sciences*, Congrès de La Rochelle, 1882; Paris, 1883, p. 1147-1162.

(5) FALLOT, p. 425. — DELFORTRIE, *op. cit.*, p. 446. — Cet affaissement aurait eu lieu d'une seule pièce et suivant un plan horizontal (Le même, dans les *Actes de la Soc. linnéenne de Bordeaux*, 1874, t. XXIX : *Empiètements de la mer sur la plage d'Arcachon*, p. 461-465). Ainsi s'explique, selon lui, l'engloutissement d'une station lacustre au large d'Andernos. Cf. la Réponse de M. LAFONT (*Ibid.*, p. 489-492 et 493-498) : «On rencontre sur toute la côte, de Grave à Arcachon, des silex roulés provenant des falaises de Royan (p. 496)». Nouvelle Réponse de M. Delfortrie (*Ibid.*, p. 499-504). M. ARTIGUE (*Envahissement par la mer des côtes de France sur le littoral de l'Océan*, même recueil, p. 505-513) soutient

d'autres, que le plateau tout entier subissait un tassement[1]. Cette hypothèse a même été étendue au cours de la Gironde[2]. En tous les cas, je ne vois pas pourquoi M. Harlé a défendu une thèse affirmant que le niveau du plateau n'a jamais pu être inférieur à l'état actuel[3], si ce n'est pour répondre à une assertion non prouvée de M. de Lapparent[4]. Faut-il que la mer ait attaqué et abandonné plusieurs fois le continent, par un balancement dû aux vents régnants?[5] N'est-il pas plus simple de reconnaître seulement que la mer a rongé la pente du plateau avec une force toujours plus grande, à mesure que les profondeurs s'accusaient davantage? Les courants n'ont-ils pu devenir plus actifs? Pourquoi parler d'affaissement[6]? Cette thèse me paraît aussi difficile à soutenir que celle d'Élie de Beaumont, concluant à l'invariabilité du littoral du Médoc, à l'exception de la pointe de Grave[7]. L'histoire

l'affaissement : 1° par inclinaison des couches lacustres; 2° par rapprochement de la côte des courants du large; 3° par immersion du platin de Cordouan. — J. Girard, *op. cit.*, p. 238. — Reclus (*Nouv. Géogr. univ.*, la France, p. 103) croit que le fond de la baie de Biscaye peut être bouleversé par des éruptions sous-marines. *Ibid.*, p. 106. – – Detrait, *op. cit.*, p. 5.

[1] Duffart, *Origine des sables ayant contribué aux formations éoliennes quaternaires*, dans *Bull. de Géogr. hist. et descript.*, 1899, n° 2. L'auteur s'élève contre l'affaissement.

[2] «Les profondeurs des alluvions à l'embouchure de la Gironde font supposer que cette région a eu un niveau plus élevé». E. Harlé, *Observ. sur l'altitude du dép. de la Gironde pendant le quaternaire*, dans *Bull. de la Soc. de géologie*, 1889-1890, t. XVIII, p. 536.

[3] *Ibid.*, p. 532. M. Harlé déclare avoir trouvé au Gurp, près de Soulac, un *Elephas* «mis à jour par les vagues du rivage». Les arguments de M. Delfortrie (*Émersions des fonds de la mer sur la côte de Gascogne*, dans *Actes de la Soc. linnéenne de Bordeaux*, 1869, t. XXVII, p. 23-28) n'avaient pas besoin d'être relevés.

[4] «La mer a mis à découvert à Soulac des bancs d'alios, dont la formation n'a pu avoir lieu qu'au-dessus de la mer.» (*Traité de géologie*, 1re partie : Phénomènes actuels; Paris, 1893, in-8, p. 553.)

[5] Brémontier, *op. cit.*, p. 27.

[6] Cf. A. Pawlowski, *Les Pays d'Arrert et de Vaux*, p. 31, et Hautreux, *Vents et courants du golfe de Gascogne*, dans *Mém. de la Soc. des sciences phys. et natur. de Bordeaux*, t. V, 1895, p. 435.

[7] *Leçons de Géologie pratique*; Paris, 1845, in-8°, t. I, p. 209. Élie de Beaumont ajoute : «Elle ne pourrait avoir une disposition différente que dans le cas où il serait survenu des changements récents dans les niveaux relatifs de la terre et de la mer (p. 210)». V. Raulin (*Géographie girondine*) commet la même erreur (p. 78-79).

nous démontrera le mal fondé de cette allégation, que je me suis étonné de retrouver sous la plume documentée de M. Saint-Jours [1]. Le recul de la côte Ouest, qui atteint 1 à 2 mètres par an, sera-t-il indéfini ? Je me range à cet égard à l'opinion de l'éminent M. Bouquet de la Grye, qui lui assure une limite, en raison de l'exhaussement du cordon littoral [2].

II

Sans doute, si les flots de la mer, sapant les fondements du rivage, n'avaient pas modifié la forme du Médoc, plus rares seraient les bourgs disparus ; mais un facteur puissant est entré en jeu à travers l'histoire : les dunes, dont les dévastations se perpétuèrent jusqu'à la fin du XVIIIe siècle.

Les sables dunaires proviennent essentiellement du sol même des Landes, peu à peu submergé [3]. La vague a pris soin de débarrasser les silices des grains trop lourds et des argiles trop compactes [4].

Mais ces dunes n'ont pas toutes pris naissance à une même époque.

La géologie contemporaine a nettement établi qu'il faut distinguer les dunes primitives (telle la montagne de Lacanau), caractérisées, d'ailleurs, dans le langage local, par ce vocable de « monts », et les dunes modernes.

Les dunes primitives paraissent remonter aux débuts de l'époque quaternaire [5].

Les dunes modernes se formeraient sous nos yeux, sans la sage prévoyance de l'administration des forêts.

[1] *Âge des dunes de Gascogne*, dans *Soc. de Géographie de Bordeaux*, 1902, et tirage à part de 66 pages. M. Saint-Jours nie les transformations littorales.

[2] Bouquet de la Grye, *Pilote*, t. II, p. 300.

[3] Goursault, *Les Landes et les dunes de Gascogne*, dans *Revue des eaux et forêts*, 1866, t. XIX, p. 52.

[4] Élie de Beaumont, *op. cit.*, p. 205. — Reclus, *Nouv. Géogr. univ.*, la France, p. 105. — M. J. Bert commet une dangereuse méprise en attribuant à la Garonne la formation des dunes (*Note sur les dunes de Gascogne*; Paris, Impr. nat., 1900, gr. in-8, p. 12-14). — M. Dutrait (*Topogr. anc. des étangs d'Hourtin et de Lacanau*, déjà cité, p. 356) estime que les dunes proviennent de la destruction des bancs et îles (?) de l'Ouest.

[5] Goursault, *op. cit.*, p. 9.

Entre ces deux âges se dressèrent les dunes anciennes littorales de la forêt de Lacanau et d'Arès [1].

On s'accorde aujourd'hui à estimer que ces dunes littorales remontent à une haute antiquité [2]. Un passage d'Ausone nous apprend que son ami Théon cultivait les monticules de sable [3]. Il me semble qu'on pourrait fixer la première formation des dunes littorales à l'heure où commence à s'exercer l'action érosive de l'Océan sur les rebords du plateau médocain.

Si l'on s'en tient aux chiffres donnés par Brémontier et M. de Lapparent [4], les dunes avançaient de 20 à 25 mètres par an. L'extrémité du plateau se trouvant à 110 kilomètres environ du rivage actuel, le mouvement dunaire remonterait à quarante siècles [5].

Il est vraisemblable que de très bonne heure l'homme songea à arrêter leurs incursions par des cultures appropriées [6]. N'en trouve-t-on pas une preuve dans la présence, sous les sables, de bois à demi carbonisés, de cendres, d'amas goudronneux, de troncs de pins où le fer de la hache avait mordu, de souches profondes [7]? Au Sud d'Arcachon, les pins gigantesques, les chênes à la circonférence énorme, attestent l'antiquité de la fixation des dunes [8].

[1] Durègne, *Distribution géogr. des dunes continentales de Gascogne*, dans *Soc. de Géogr. de Bordeaux*, 1898, et tirage à part de 16 pages (p. 5).

[2] Saint-Jours, *op. cit.*, tirage à part, p. 19-20.

[3]   « Paganum Medulis, jubeo salvere Theonem.

            Quid geris extremis positus telluris in oris,

            Cultor arenarum vates?...

            Quam tamen exerces Medulorum in littore vitam? »
                              Ausone, *Epistolæ*, IV, 3, édit. Didot, p. 145.

[4] Brémontier, *Mém.* cité. — A. de Lapparent, *op. cit.*, p. 142.

[5] Brémontier (p. 25) évalue à 2 billions 700 millions le cube des sables de la pointe de Grave à l'Adour et fixe à 4,218 ans la formation des dunes.

[6] Dulignon-Desgranges, *Les Dunes de Gascogne*; Bordeaux, 1890, in-8°, de 58 pages (p. 11). — D' A. Lalesque aîné, *Coup d'œil rétrospectif sur les dunes mobiles du golfe de Gascogne*; Bordeaux, 1884, in-8°, de 45 pages.

[7] Buffault, *op. cit.*, p. 75 : « Sur la plage, depuis Montalivet jusqu'en face de la maison forestière de Saint-Nicolas, on trouve d'assez nombreuses souches de chênes encore en place. Elles accusent un âge fort avancé ». — Dulignon a vu deux forêts superposées. — Saint-Jours, *op. cit.*, p. 21.

[8] A. de Lapparent, *op. cit.*, p. 143. — L.-A. Fabre, *Ensablements du littoral gascon*, dans *Comptes rendus de l'Acad. des sciences*, 23 juillet 1886, p. 266-268. — Saint-Jours, *Le Littoral de Gascogne*, dans *Revue philomathique de Bordeaux et du Sud-Ouest*, 5° année, 1902, n°° 6 et 7, et tirage à part, Bordeaux, 1903, p. 18. — Cf. Lalesque, Brémontier et Peychan (cité par Saint-Jours, p. 17). En 1307, Bayonne interdit de déboiser les dunes (Saint-Jours, p. 19).

A une première érosion durent correspondre les dunes continentales, dites *primitives*. L'homme mit un terme à leurs dévastations, mais lorsque déjà elles avaient pénétré fort avant dans l'intérieur, ce qui explique qu'à cette date elles échappaient à l'influence des apports littoraux [1]. Quant à la présence de la magnétite [2] dans ces dunes, ou bien on peut admettre une variation dans les courants littoraux, qui auraient porté la magnétite girondine vers le Sud, ou bien la considérer comme un apport de l'Adour.

Le mouvement des dunes primitives dut avoir des résultats analogues à ceux dont nos contemporains furent les témoins. Les eaux du Médoc glissant, sans pouvoir les pénétrer [3], sur les couches d'alios, formaient, à la base des montagnes de sable, des lacs qui se sont perpétués à travers les âges [4]. Il est vraisemblable que ces lacs communiquaient avec la mer, ou avec le golfe d'Arcachon [5].

Je me prononce donc, avec M. Saint-Jours, contre l'hypothèse d'anciennes baies littorales. Où il y a eu lacs, par absence d'infiltrations, et de déversoirs naturels ou artificiels, on ne saurait déclarer qu'il y a eu baies [6].

[1] Durègne, *Mode de formation des dunes primitives de Gascogne*, dans *Comptes rendus de l'Acad. des sciences*, 1er sem. 1898, p. 1041-1043. Il constate que ces dunes ont été formées sous l'action du vent d'Ouest ; mais il a tort de considérer les dunes primitives comme continentales, en s'appuyant sur l'argument que nous signalons dans le texte.

[2] Thoulet, *Étude sur la distribution de la magnétite dans les fonds du golfe de Gascogne*, dans *Soc. de Géogr. de Bordeaux*, 1898. — Hautreux, *De Bordeaux à la mer* ; même recueil, 1886. — Duffart, *La Magnétite des dunes de Gascogne* ; même recueil, 1898.

[3] Reclus, *Nouv. Géogr. univ.*, la France, p. 93.

[4] Durègne, *op. cit.*, p. 1042. — Dutaut (*op. cit.*, *Soc. de Géogr. de Bordeaux*, 1898) estime que les lagunes se sont formées, ainsi que le cordon littoral, à l'époque romaine, par la fermeture d'anciennes baies. Les matériaux du cordon littoral auraient formé des îles dunaires. — M. Saint-Jours (*Âge des dunes de Gascogne*, p. 21) fixe à 8,000 ans leur formation.

[5] Raulin (*Géogr. girondine*, p. 41-42) n'admet pas l'existence de déversoirs entre les étangs et la mer «car, dit-il, la pente des canaux de déversement eût rendu la navigation impossible». D'autre part, par les canaux reliant les marais du Porge, de Labène et de Léognac ou de Talais, les lacs eussent été à 20 kilomètres de la mer.

[6] Saint-Jours, *Les Fleuves côtiers de Gascogne*, dans *Soc. de géogr. de Bordeaux*, 1902, et tirage à part, 30 pages. M. Saint-Jours a fouillé, avec le lieutenant Keryvel, la dune centrale qui borde le lac d'Hourtin, et avec M. Lagune, la plage de Lacanau. Pas de cordons littoraux (p. 18-19). — Desjardins (*Gaule romaine*, t. I, p. 361) s'était donc trompé, et Reclus a suivi cette erreur.

Au début de l'ère humaine, la côte s'étendait donc beaucoup plus à l'Ouest. Peut-être ce littoral présentait-il des plages orientées vers le Sud-Est [1]. Cordouan n'était qu'une pointe du continent, dont les bancs des Asnes sont un dernier débris. Sur la mer de Gironde, au contraire, le flot occupait la plus grande partie du terrain situé aujourd'hui à l'Est de la ligne de Pauillac au Verdon. Du Sud au Nord, la côte suivait le flanc oriental des coteaux de Saint-Julien, la Tour-Léoville, Bellevue, le Moulin-Lassus, la croupe à l'Ouest de Pauillac; passait à Padarnac, décrivait le promontoire d'Anseillan, Milon; formait une baie profonde et étroite vers la Mouline, baignait le Puy, ouvrait une échancrure à l'Est du Castéra, laissait sur la rive Nord Camarsac, Cos d'Estournel, Marbuzet, longeait les collines de Montrose, Saint-Estèphe; déterminait un vaste golfe vers Lesparre, par Calon, Paluau, Terme, Lille, Verteuil, Bourdin, au Gouat, Peyres, Ribes, Bric, Colombes, Barbanne, Brion, le Trale, Antognan, Balegean; dessinait l'île Saint-Corbian, remontait au Nord par Carmait, Cadourne, la Maréchale, au sommet d'une péninsule; s'infléchissait sur Jeandeyts, Lestage, Troupian, Pabeau, Marque (un canal rejoignant Colombe faisait de Saint-Seurin une sorte d'île), Boyentran, Barbelière, Plantignan, Pedonnac, laissant à l'Est l'Ille, l'îlot de Loudenne; remontait par Terre-Hue, Saint-Yzans, la Hourqueyre, Peyressan, la cote 20, Caussan, Prignac, Tartuguière, moulin de Uch, Lesparre, Bourgueyraud, Gaillan. A partir de ce point il est difficile de suivre le littoral dans toute cette région basse, ponctuée de lieux-dits caractéristiques : l'Ille, la Matte, Martingue, Goulée, Groscap, le Bourdiou, au Sable, au Guadet; disons seulement que la côte s'infléchissait à l'Ouest et regagnait, du Sud au Nord, le littoral océanique.

M. Duffart (*Anciennes Baies du golfe de Gascogne*, dans *Soc. de géogr. de Bordeaux*, 1898, p. 108) est en communauté d'opinion avec moi, en raison du niveau du fond de ces lacs, qui est au-dessus du niveau de la mer. — La thèse contraire est soutenue par Dutrait (*Topogr. des étangs d'Hourtin et de Lacanau*, *loc. cit.*, p. 353). Il cite Dulignon, qui croit que l'Océan a baigné la rive orientale de Hourtin, ensablé ensuite par les bancs de sable du large. Même erreur chez Kiepert (*Wandkarten alt. Gallien*; Berlin, 1888). Mais Dutrait reconnaît, d'autre part (p. 355), que des fouilles ne prouveraient que le recul vers l'Est.

[1] Durègne, *Sur la distinction de deux âges dans la formation des dunes de Gascogne*, dans *Comptes rendus de l'Acad. des sciences*, 1890, 2ᵉ sem., p. 1006-1008. Le même, dans *Soc. de géogr. de Bordeaux*, 1898, p. 4. L'ancienne côte était, selon Dutrait (*op. cit.*, p. 6), entre les courbes de profondeur 10 et 20.

À l'Est, une île s'étendait entre Escurac et Faugeroux; une autre, plus considérable, était limitée à Basse-Terre, Meillan, Nourel et l'Enclos; une autre à Montignac, Lapouyade, Tremblaux et la Métairie; une autre à Bel-Air, Perrin et Bournac. Plus à l'Est, les îles de Mazail, de Castillon (limitée au Pigeonnier, à Marotte et à Saint-Christoly), de Saint-Bonnet, de Couquèques, plus tard de Bégadan et de Bégadanet, de By, de Valeyrac (limitée à le Grava, Valeyrac, Jauton, la Verdasse, Loustauneuf, le Bourdieu et Troussa), de Goulée, de Jau (limitée à Cameau, la Salle, Loirac, Noaillac, les *Agnes*, la Houreade, Jau (à l'est de *Listran* et Dignac), laquelle île était peut-être subdivisée en îlots par des chenaux. Un grand banc comprenait Grayan, Saint-Vivien et Vensac, où les métairies ont les vocables caractéristiques de Claou (*Clavis aquæ*), Aigue Renne, Le Gua, etc. Talais était un banc.

III

Les découvertes archéologiques jusqu'ici n'ont guère fourni d'éléments susceptibles de nous permettre de limiter l'antique Médoc. Les monuments mégalithiques font totalement défaut sur toute l'étendue du territoire. M. Saint-Jours [1] a judicieusement démontré que les Pujols ou mottes ne sont point des tumuli des premières générations [2], mais des dunes anciennes. C'est le cas du tumulus de Lupian [3].

Des stations de l'âge de pierre se rencontrent au Gurp, à la Pinasse, vers Grayan [4], aux environs d'Hourtin [5], à Arès, Lège,

[1] *L'Âge des dunes de Gascogne*, p. 22.

[2] Jouannet, *Notice sur les monuments de l'époque gauloise*, dans les *Actes de l'Acad. de Bordeaux*, 1829 : «...les tumuli de Lupian, près Carcans, entourés d'un précipice, celui de Sainte-Hélène, où, selon la légende, se réfugia une jeune mère fuyant l'invasion de l'étang d'Hourtin, ne sont que des dunes anciennes» (p. 194-196). — Le même, *Statistique de la Gironde*, t. Iᵉʳ, p. 214. — Cf. Léo Drouyn, *Forteresses de terre de la Gironde*, dans *Soc. archéol. de la Gironde*, t. V, 1878, p. 138.

[3] Jouannet, *Statistique de la Gironde*, t. Iᵉʳ, p. 50.

[4] Saint-Jours, *l'Âge des dunes de Gascogne*, p. 22. — Cf. Dulignon-Desgranges, *Carte des stations préhist. du littoral de l'Océan dans la Gironde* (Duffart, *Distribution géogr. des dunes continentales*, déjà cité p. 14). Dulignon-Desgranges, *Stations préhist. du Bas-Médoc*, dans *Soc. archéol. de la Gironde*, t. V, p. 143.

[5] M. Caudéran, en 1865, y a trouvé un poignard: en 1875 on y a mis à

Andernos et dans le golfe d'Arcachon [1]. Sur le versant oriental, Talais possède une butte et des tumuli, jadis entourés d'eau, au Nord du bourg [2], et Soulac, de vieilles poteries. Saint-Vivien, Vensac, Dangagnan, Baysan, Le Pin, Saint-Martin, le Pirey, Campardon, la Mouline, les Moulis, le Petit-Marin, Jau, la Hourcade, Vendays furent des stations remarquables, sans doute à cause du voisinage immédiat de la mer de Gironde [3]. Tout ceci ne nous dit point ce que fut la côte océanique aux ères lointaines, mais nul document ne vient infirmer la théorie que nous avons exposée.

La littérature de Rome est, pour le Médoc, aussi muette qu'elle le fut pour le golfe du Poitou et le pays d'Arvert : quelques noms jetés au hasard, et qui ont prêté aux plus vives controverses. Tels sont : *Antros* [4] et la *Garonne* [5], le *Curianum promontorium* [6], *Nocio-*

jour deux flèches (DAYRAT, dans *Soc. archéol. de la Gironde*, t. V, 1878, p. XIII).

Flèches à Mérignac et près des étangs littoraux (JOUANNET, *Statistique*, t. I, p. 213).

[1] DELFORTRIE, *Empiètements de la mer*, déjà cité. p. 461. — LALANNE, dans *Soc. archéol. de la Gironde*, t. V, 1878, p. XIII.

[2] L. DROUYN, *Forteresses*, etc. (voir plus haut), p. 138. — DELIGNON, *Stations préhist.* (voir plus haut), p. 144. — JOUANNET, *Statistique*, t. II, p. 191.

[3] DELIGNON-DESGRANGES, *Stations préhist. du Bas-Médoc* (*loc. cit.*, p. 145-149). — «Armes de jade et de serpentine éparses dans le Bas-Médoc». — JOUANNET, *Statistique*, t. I, p. 213.

[4] «In eo [Garumna] est insula, Antros nomine, quam pendere et attolli aquis increscentibus ideo incolæ existimant, quia cum videantur editiora quis objacet, ubi se fluctus implevit, illa operit, hæc, ut prius tantum ambitur : et quod ea, quibus ante ripæ collesque, ne cernerentur, obstiterant, tunc velut ex loco superiore perspicua sunt». POMPONIUS MELA, *De Situ Orbis*, III, 2, édit. Didot, p. 647.

[5] Γαρούνα ποταμοῦ ἐκβολαί (*Garumnæ fluvii ostia*, 17°30' – 46°30'). PTOLÉMÉE, liv. II, chap. VII, 1; édit. Didot, t. I, 1re part. (1888), p. 200. — Ἐκβάλλει δ'ὁ μὲν Γαρούνας... εἰς τὸ μεταξὺ Βιτουρίγων... STRABON, IV, 2, édit. Didot, p. 157; COUGNY, t. I, p. 111. — Pour *Garumna*, cf. : CÉSAR, *De Bello gall.*, I, 1; PLINE le Natur., IV, 17, 31; TIBULLE, I, 8, 11; AUSONE, *Mosella*, 483; AMMIEN MARCELLIN, XV, 11; CLAUDIEN, *Contra Rufin*, 2, v. 113; AUSONE, *Epist.* 10 ad *Paul.*; SIDOINE APOLLINAIRE, 22, v. 101; EGINHARD, anno 828. — Pour *Garonna* : Ann. S. Amandi Cont., a. 769; Ann. Lauriss., a. 767-768; EGINHARD, a. 768, 816; Ann. Tilian., a. 768; Chronic. Moissiac., a. 732; Ann. Mettens., a. 732, 767; Ann. Enhardi Fuld., a. 725. — Pour *Garronda* : Ann. Prudent. Trec., a. 844. — Pour *Garunna*, Ann. Lauriss. min., a. 725. — Voy. aussi UKERT, *Gaule*, p. 142 et suiv.

[6] Κουριανὸν ἄκρον (*Curianum promontorium*, 16°30' — 46°). — PTOLÉMÉE, liv. II, chap. VII, 1, édit. Didot, p. 200.

magus [1], *Pauliacus* [2] et *Domnotinus* [3]. Ce ne sont que de vagues indications, et la seule inscription relevée a été, depuis, considérée comme apocryphe [4]. Je n'ai point à identifier la Garonne ou Gironde [5] et *Pauliacus* ou Pauillac [6].

L'île d'Antros a été considérée, presque par tous les auteurs postérieurs, comme le rocher aujourd'hui submergé de Cordouan [7].

[1] Νοϋιόμαγος (*Noviomagus*, 17° 40′ — 46° 15′). PTOLÉMÉE, liv. II, chap. vii, 7 ; édit. Didot, p. 203. — « Des bouches du fleuve Signatis à la pointe Curiane : 500 stades, 370 stades. De Curiane aux vastes bouches de la Garonne (dont la largeur est de 50 stades): 600 stades, 430 stades. » MARCIEN D'HÉRACLÉE, *Périple*, II, 21 ; édit. Didot, p. 551-552. COUGNY, *Extraits des auteurs grecs concernant les Gaules*, t. I, p. 319.

[2]   « Pauliacus tanti non mihi villa foret ».

AUSONE. *Lettres*, V, 16.

[3]   « Nam tota supellex...
Domnotoni tales solita est ostendere gazas. »

AUSONE, *Lettres*, IV, 54.

« Scirpea Domnotonis tanti est habitatio vati?

. . . .

Unus a Domnotoni te littori perferet æstus
Condatem ad portum... »

AUSONE, *Lettres*, V et 31 (Voir aussi VII, 55-56).

Cf. DUTRAIT, *La Garonne maritime et le Médoc, d'après les œuvres d'Ausone*, dans *Soc. de Géogr. de Bordeaux*, 1899, p. 40-57.

[4] Noviomagus « par l'injure du temps démolie et réduite en village ». G. DE LURBE, *Chronique bourdeloise*; Bourdeaux, 1545, in-4°. L'épitaphe, considérée comme apocryphe, qu'il cite (p. 4), porte : « Ego Gallo me qui Novioregum transfert, hic nauclero Lusitanico remex ut fuat ».

[5] « Garumna dicitur Gerondam » (OLIVARIUS, *Commentarii in Pomp. Melam*, édit. H. Estienne, 1577.

[6] JOUANNET, *Notice sur les villas gallo-romaines de la Gironde*, dans *Bulletin monumental*, 1842, t. VIII, p. 276.

[7] « Bocca del fiume Garunna, Corduan tour. » *Geographia di Claudio Tolemeo*, par Giord. RUSCELLI; Venise, G. Ziletti, 1574, in-4°, p. 101. Exemplaire avec notes manuscrites à la bibliothèque d'Orléans. — Antros : « dont les reliques se voient aujourd'hui en l'endroit où est la tour de Cordouan ». Gabriel DE LURBE, *Chronique bourdeloise*; Bourdeaux, 1545, in-4°, p. 4. « ... Si ce n'est Cordan, ou finalement que les sables ne l'aient couverte. » Élie VINET, *Antiquités de Bourdeaus*: Bordeaux, 1574, in-4°, ou édit. Ribadon, *ibid.*, 1860, in-8°, p. 40. « Antros, ante ostium Garumnæ est, in ipso ostio sive æstuario. » CELLARIUS, *Noticia orbis antiqui*; Cantabriciæ, 1603, in-4°, p. 160. — Cordouan, dans MONET, *Nomenclatura geogr. Galliarum*; Lyon, 1643, petit in-12, p. 9. — Cordouan, dans DADINI ALTESERRE, *De Rerum aquitannicarum lib. X*; Toulouse, 1648-1657, 2 vol. in-4°,

D'Anville a soulevé un autre problème en déclarant que l'îlot de Cordouan était trop médiocre pour avoir attiré l'attention de Pomponius Mela, et suppose l'existence d'une île de Grave, séparée du continent par le chenal de Soulac [1]. Adrien Valois s'était perdu en pensant retrouver Antros dans l'île d'Aindre, en Loire [2]. Le promontoire Curian figurait pour les commentateurs la pointe du Ferret [3],

t. I, p. 103. — Cordouan, dans COULON, les *Rivières de France*; Paris, 1644, 2 vol. in-8°, t. Ier, p. 550. — Cordan, dans P. BRIET, *Parallela geogr. veteris et novæ*; Paris, 1648, 3 vol. in-4°, t. I, p. 351. — Cordouan, d'après G. FOURNIER, *Geographica orbis noticia per littora maris et ripas fluminum*; Paris, 1648, in-12, p. 314-315. — J. VOSSIUS, *Observ. ad Pomp. Melam*; La Haye, 1658, in-4°, p. 234-235. — Cordouan, pour ARCÈRE, *Hist. de La Rochelle*, 1756-1757, in-4°, t. I, p. 11. — MAICHIN (*Hist. de Saintonge et d'Aunis*, 1671, in-fol., p. 174) place, on ne sait pourquoi, Cordouan en Saintonge «dont il n'est pas un des moindres ornements». Avec Duchesne, il dit que c'est Antros. — Cordouan, dans BAUDRAND, *Dict. géogr.* (Paris, 1705, v° Tour de Cordouan; CORNEILLE, *Dict. univ. géogr.* (Paris, 1708, voc. Antros); EXPILLY, *Dict. géogr. des Gaules* (Paris, 1762, voc. Antros). — LACURIE (*Notice sur le pays des Santons*, dans *Bull. monum.*, 1844, p. 623-626) réfute Massiou (*Hist. de Saintonge*), qui dénonce l'erreur de d'Anville et place Antros à Cordouan. — C. JULLIAN, *Inscript. rom. de Bordeaux*, 1887-1890, 2 vol. gr. in-4°, t. II, p. 133. — VIDAL DE LA BLACHE, *Atlas général*, 1896 (*Gaule au temps de César*). — Voy. J. JANSONN, *Orbis antiqui delineatio* (xvii° s.; Bibl. Nat., Cartes, Ge DD 1214) : *Galliæ veteris typus*, et SANSON, *Galliarum descriptio* (Bibl. Nat., *ibid.*, C. 8422).

[1] «Cette pointe (Grave), longue de 6,000 toises, ne tient au continent que par une langue de terre de quart de lieue à mer haute, qui doit avoir été coupée par la continuation d'une ouverture dont l'entrée du côté de la Gironde est appelée le chenal de Soulac.» D'ANVILLE. *Notice de l'anc. Gaule*; Paris, 1760, in-8°, p. 70-71. — «Antros était peut-être formée de Saint-Nicolas, Soulac et le vieux Cordouan, visible à mer basse en son entier, à mer haute divisé en îles. La plage actuelle de la Négade à la pointe de Grave partagerait en deux les anciennes îles. La partie occidentale de Cordouan aurait été effacée par la mer, l'autre serait sous les sables, reliée par les alluvions du fleuve.» MEZURET, *op. cit.*, p. 115.

[2] *Notitia Galliarum*, p. 503.

[3] «Cap d'Arcachon.» *Recueil d'itinéraires anciens*, par FORTIA D'URBAN; Paris, 1845, in-4°, p. 415. — Elie Vinet, dans son intéressant commentaire d'Ausone (AUSONII *Opera*; Bordeaux, 1580 ou 1590, in-4°), déclare qu'il n'y a pas de cap chez les Boii et les Meduli, si ce n'est à 5,000 pas de la pointe du Médoc. — «Promontorium Curianum, quod hodie caput Boiatum vocant, vel. cap de Butz.» J. SCALIGER, *Lectiones ausonianæ*, insérées dans l'édition d'Ausone de 1590, ci-dessus, p. 434. Cf. 7, 2. — «Cap de Busc», dans MONET, *op. cit.*, p. 9. — «Cap de Busch», dans BRIET, *op. cit.*, p. 351. — «Cap de Buch», dans A. VALOIS, *Notitia Galliarum*; Paris, 1675, in-fol., p. 329. — «Pointe d'Arcasson», dans BAUDRAND, v° Cur. promont. — «Cap de Busa», dans CORNEILLE, *op. cit.* —

ou Cordouan lui-même [1], Soulac ou Sainte-Marie [2], ou la montagne de Lacanau, peut-être même la saillie du territoire de Naujac, à l'embouchure du Deyre [5], ou le promontoire Sud d'Arcachon [4].

Que n'a-t-on écrit depuis la disparition de *Noviomagos* [5], qui finit tel un guerrier sur un champ de bataille : « *Noviomagus intercidit !* » On a singulièrement erré au sujet de Noviomagus. Les uns le voient à Soulac [6]; ils sont en majorité, et plus près de la vérité.

"Feret", dans WALCKENAER, *Géogr. anc., hist. et comp. des Gaules*; Paris, 1839, 3 vol. in-8°, t. III, p. 126. — SANSON, *Galliarum descriptio*, carte citée. — BEAUREIN, *op. cit.*, t. III, p. 112.

[1] « Vidimus littus illud in dies atteri et Oceanum Medulos sensim obruere, ut mihi dubium non sit quin Cordanum nostrum Medulis aliquando adhaeserit, ceterum quia saxum erat in mediis arenis non arenacea moles id fluctus a continente tantum abscidisse qui defiscere non potuerunt. » Élie VINET, dans AUSONII *Opera*, édit. 1590, p. 566. — « In Medulico littore periit Curianum promont., cujus memoria servari videtur in scopulo Cordan, vulgo ». MERULA, *Cosmographia*; Amsterdam, in-fol., p. 431.

[2] « Sollac », dans MERCATOR. — « Sainte-Marie », dans BELLEFOREST, édit. augm. de la *Cosmographie* de MUNSTER; Paris, 1575, 3 vol. in-fol. Cf. MERULA, *op. cit.* — « Cap de Busc, cap Sainte-Marie : « in extremis Meduli et ad Solacum oppidum », dans MONET, *op. cit.*, p. 9. — « A la pointe d'Antros, vers Cordouan, ou vers Hourtin ». DESJARDINS, *Gaule romaine*, t. I, p. 263. — « Ce n'est ni la Coubre, ni le Ferret, ni une saillie sur la côte de Lége au Nord de la Leyre, mais plutôt une pointe S. W. ou N. W. d'Antros, ou avec les précédents le cap de Sainte-Marie au N. W. de l'île de Soulac, sur le chenal d'Antros. » DUTRAIT, dans *Soc. de géogr. de Bordeaux*, 1898, p. 25.

[3] DUTRAIT, *ibid.*, p. 25. — Cf. J. JANSON, *Orbis antiqui delineatio*, carte citée.

[4] DUFFART, *Anc. Baies de la côte de Gascogne*, dans *Soc. de géogr. de Bordeaux*, 1896, p. 102.

[5] « Noviomagus intercidit. » CELLARIUS, *op. cit.*, p. 118. — Cf. Franc. BERLINGUIERI, *Geographia* (en vers); Florence, sans date (vers 1478), in-fol., 31 cartes gravées sur métal (cité par MEZURET, p. 12 et p. 264) :

> Biturige Vibisci et hora Berri.
> Sobto a chostoro et queste citati hanno :
> Burdigala et Bordeo et detta alti
> Noviomago qui fu...

[6] « Noviomagum Ptolemeus fecit occidentalem magis et septentrionalem quam Burdigala, sub eodem meridiano sitam cum Santonum urbe et æque ad occasum vergentem, sed australem magis quam illam unius partis dimidio. Unde colligas versus ostium Garumnæ sitam fuisse hanc Noviomagum circa quem locum est Solacus... Verum urbis vestigia si qua exstant, hauddum ulla cognovimus... Sive ipsa se condens terra illam devoraverit, ut de aliis meminit Plinius, sive terræ

D'autres le cherchent en plein cœur du Médoc, à Castelnau [1], à Lesparre [2], à Mayan, dont le nom serait un reste étymologique du vocable latin [3], à Brion-sous-Verteuil [4]. Pour quelques-uns, il se confond avec Castillon-sur-Gironde [5]. Il n'est pas jusqu'à Saint-Germain d'Esteuil qu'on ne soit allé quérir, pour ne point citer les errements de ceux qui confondent la cité romaine avec le *Novioregum* santon de l'*Itinéraire* d'Antonin [6], ou même transportent gratuitement la ville dans le Quercy [7], ou à Neuville, dans le pays de Tarbes [8] !

D'Anvi le [9] a gardé de Conrart le silence prudent. Il se contente de placer Noviomagus au Nord de Bordeaux, chez les Meduli.

motu aliquo considerit... sive bellum aliquod deleverit, sive submerserit oceanus aut Garumna... sive denique arena ipsam obruerit.» Elie VINET, dans AUSONII *Opera*, édit. de 1590, p. 208; et *Antiquités de Bourdeaus* (p. 33-38) : «Ptolémée baille aux seigneurs de Bourdelois une autre ville en ce pays de Médonc, qu'il met vers Soulac, bourg assez beau en la pointe que fait la grande mer avec la Garonne, la nomme *Noviomagus* en son gregeois, mais on ne la trouve aucunement pour le jourd'huy.»   André DU CHESNE, *Antiquités des villes et chasteaux de France* (du pays et duché de Guyenne, ch. II), dans BRUZEN DE LA MARTINIÈRE, *Grand Dict. géogr.* (v° Médoc). — Soulac ou Bourg (?), dans P. BRIET, *op. cit.*, t. I, p. 351. — DADINUS ALTESERRE (*op. cit.*, t. I, p. 53) : «Circa quem locum est Solacus, alias Sancta-Maria de Solaco.» — LABBE, *Table méthod. de la géogr.*, p. 48. — Entre Soulac et Lillan, vers la Négade (MEZURET, p. 29). — MASSE, *passim*.

[1] EXPILLY, *Dict.*, voc. *Noviomagus*.   BERNADAU (*Antiquités bourdeloises*; Bordeaux, 1797, in 8°, p. 160) reprend cette faute en disant : «On n'y a jamais trouvé de vestiges d'antiquités; de plus, la tradition veut que Noviomagus ait été submergé par l'Océan, et la tradition porte que des restes qu'on voit en la mer sont des ruines de la capitale des Medulliens.» — REICHARD, *Thesaurus topographicus*; Nuremberg, 1824, in-fol., v° Noviomagus. — UKERT, *Geographie der Griechen und Römer*; Weimar, 1832, in-8°, t. II, 2° part., p. 387.

[2] Cf. BERNADAU, *op. cit.*, p. 211.

[3] DUTRAIT, dans *Soc. de géogr. de Bordeaux*, 1898, p. 26.

[4] Léo DROUYN, *Guienne militaire*, t. I, p. XCV-XCVI. — DUTRAIT, *ut supra*, p. 28. — Cam. JULLIAN, *op. cit.*, t. II, p. 131.

[5] MANNERT, *Geographie der Griechen und Römer*; Nuremberg, 1788-1825, 15 vol. in-8°.

[6] «Sic ibidem periit Noviomagus, Novioregum fortsan Antonini, cujus rudera, retrocedentibus fluctibus, subinde conspici narrantur, inter arenas.» MERULA, *op. cit.*, p. 431. — «Solacum, quod antiqui dixere Novioregum.» Papire MASSON, *Descr. fluminum Galliæ*; Paris, 1568, p. 559. — «Idem oppidum esse existimat Zurita quod Novioregum Antonini.» DADIN D'HAUTESERRE, *op. cit.*, t. I, p. 53.

[7] «Souillac en Quercy, ou Bourg.» CORNEILLE, *Dict. univ.*, au mot «Noviomagus».

[8] «Noviomagus, Neuville Tarbellorum interiit.» MONET. *Galliæ geographiæ veteris recentisque lib.*; Lyon, 1633, in-12.

[9] *Notice de l'anc. Gaule*, p. 495.

Le tout aussi insaisissable *Domnotinus* était sur la rive gauche de la Garonne [1]. D'aucuns l'ont placé à Soulac [2]. Mais à quoi bon chercher un caillou dans la mer, une villa romaine parmi les bouleversements des siècles?

Les narrateurs postérieurs ont aussi parlé d'un *Metullum* [3], d'une *Medulla* [4]. La critique moderne a fait justice des erreurs commises à cet égard. Melle a toujours été en Poitou, et le Metullum de l'histoire, comme les Medoli de la numismatique, se confondent et ont été confondus [5]. Si Brion a été le Metullum médocain, — le seul lieu auquel l'expression me semble pouvoir s'adapter, — il fut sans doute aussi Artrac, dont le nom a totalement disparu?

Il y aurait, sans doute, quelque présomption à prétendre retrouver aujourd'hui, dans les fonds marins, des pièces archéologiques de l'ère romaine; des voix ne manqueraient pas de s'élever et de

[1] «Videtur non procul Pauliaco, et in eadem ripa sinistra Garumnæ in oceano properantis.» Peut être Donissan, dit Élie Vinet (Ausonii, *Opera*, édit. de 1590, p. 441.) — «Domnotinus, pagus in Medulis.» Scaliger (*ibid.*, p. 434; et plus loin, XIV) : «Domnotinus videtur fuisse in eo tractu Medulorum ubi hodie est caput Boiatum.» — Cf. Ausone, édit. Corpet, coll. Panckoucke; Paris, 1843, t. II, p. 424 : «Un château sauvage du Médoc.» — Dom Martin (*Diction. topogr. des Gaules*, t. I, p. 207) le place à Domissan.

[2] C. Jullian, *Inscript.*, t. II, p. 132. — Au Nord de Noviomagus, dit Mezuret, p. 38.

[3] «Medullorum caput, Metullum vicus, ubi olim fuit officina regiæ.» *Capitulum Caroli Calvi*, tit. I, cap. 12 «in Palacio nostro et in Metullo et in Narbona.» — Dadin d'Hauteserre, *loc. cit.*, p. 55. Il ajoute n'être pas d'accord avec Simond sur l'emplacement de Metullum. — D'Anville (*op. cit.*, v° Meduli) dit que le lieu dont il est fait mention dans la Chronique des Normands, à l'an 848, sous le nom de Metullium, ne peut s'appliquer qu'aux Meduli, et l'identifie avec Castelnau. Il déclare aussi (p. 495) que Metullum doit se confondre avec Noviomagus. — Cf. Pertz, t. Ier, p. 443.

[4] Bladé (*Géogr. polit. du Sud-Ouest de la Gaule franque*, dans *Revue de géogr.*, 1892, t. II, p. 340 et suiv.), cite, d'après Dom Bouquet (*Hist. de la Gaule*, t. VII, p. 152), le texte de la Chronique des Normands, et une Medulla de l'Anonyme de Ravenne (?), qu'il voit à Saint-Germain d'Esteuil : «ancienne baie où les barques entraient aisément». Pour lui, cette Medula n'est pas la Jalle de Saint-Médard. — Mezuret, qui suit Beaurein (t. Ier, p. 340), voit Metullum à Saint-Germain d'Esteuil. «On assure, dit-il, qu'on y voit les ruines d'une ville détruite depuis longtemps» (p. 17-18).

[5] Contrairement aux attributions de Fougères et Conbrouse, *Medulus* est non le Médoc, mais Melle, en Poitou. Comte de Gourgue, *Doutes sur l'attribution au pays de Médoc des deniers de Charlemagne avec le mot Medocus ou Medoli*, dans *Revue de numismatique*, 1842, p. 344-349.

déclarer que ces découvertes ne sauraient servir de preuve, un bâtiment romain ayant fort bien pu faire naufrage sur la Côte terrible.

J'estime donc simplement que sur le rivage atlantique le Médoc s'étendait plus à l'Ouest que de nos jours : il devait se trouver à 10 kilomètres environ de la plage actuelle. Cette disposition ne saurait être niée, si l'on observe que la voie romaine des Medulli disparaît dans la dune, puis dans la mer, vers la pointe de la Négade [1].

Nous n'avons pas à douter de l'existence d'une ville romaine, sinon à Soulac, du moins à proximité, en raison de l'exhumation de monnaies qui y furent faites à diverses époques [2].

D'ailleurs, sur le banc des Olives, les marins ont vu sous les eaux des ruines [3], dans lesquelles, avec Masse, je n'hésite pas à reconnaître le *Noviomagus* ptoléméen [4]. En cela je suis d'accord aussi avec une notice bénédictine à laquelle on n'a pas prêté jusqu'ici une attention suffisante [5]. Ajouterai-je que la découverte,

[1] La Voie du Médoc, ou *Lebade*, passait par Parempuyre, Louens (commune du Pian), les Ormes (dans les landes d'Arsac), Moulis, Saint-Laurent. Ses traces disparaissent au Nord de Lesparre, mais on y trouve deux chemins très anciens : le chemin Castillonnais, par Vensac et Grayan, qui s'enfonce dans la dune de Lillan et sous la mer; le chemin de la Reine, qui est un embranchement sur le Verdon. Jouannet, *Statistique*, I, p. 226. — Mezuret, p. 37.

[2] Des médailles furent trouvées entre Soulac et le Verdon, mais mêlées à des pièces d'autres époques. Elles peuvent provenir de naufrages. — Jouannet, I, p. 215. — Cf. Bernadau, *Antiquités*, p. 225.

[3] «Noviomagus, cujus etiam ruinæ spectantur.» Monet, *Nomenclatura*, déjà cité. — Laval, *Mémoire*, dans *Annales des Ponts et Chaussées*, 1847, t. XIV, p. 237. — Jouannet, *Statistique*, t. I, p. 12. — «Les pêcheurs vous diront qu'à certaines marées basses on aperçoit des pierres entassées, des pans de mur renversés et couverts d'algues marines.» G. Villiet, *Notre-Dame de la Fin des terres*, dans *Actes de l'Acad. de Bordeaux*, 1861, t. XXIII, p. 292. — Cf. Belleforest, *Cosmographie*, t. I (p. 383) : «On voit des sables et parmi iceluy des ruines de murailles qu'on estime être cette ville de Niomagus.»

[4] «On croit le Noviomagus sur le roc des Olivettes, parce qu'aux grandes malines, de basse mer, on y découvre des vestiges de masures.» Masse, *Mém. du 1ᵉʳ carré de Médoc*, 1707. Masse ajoute qu'il ne croit pas devoir placer le Noviomagus au Sud de Soulac, malgré les nombreux vestiges qu'on y voit. Ce sont, en effet, ceux de Lillan. (*Mém. du 1ᵉʳ carré de Guienne et cours de la Garonne*; La Rochelle, 1706, 4 ff. — Id., Extr. du *Mém. sur Bordeaux*, 1723, 34 ff.) — Aussi Masse fils (*Mém. sur Bordeaux*, in-4°, n° 139 des Arch. du Minist. de la Guerre) dit-il à tort que Noviomagus est sur la place des anciens étangs de Soulac.

[5] «Monasterium Beatæ Mariæ de Solaco situm est ad littus oceani maris,

par Masse, dans le voisinage, du cimetière romain de Phagion[1] et des viviers vivisques[2], aux noms si helléniques, éclaircit définitivement une controverse de quatre siècles.

Au Sud, le bourg d'Audenge a révélé des documents épigraphiques[3].

Dans la zone girondine, les Romains ont laissé des traces probantes de leur passage à Verteuil et Saint-Germain d'Esteuil, les principaux centres gallo-romains du pays médocain[4]; à Saint-Estèphe[5], à Saint-Julien[6], à Pauillac[7], à Moulis[8]. Cette pénurie de monuments me fait supposer qu'à part Pauillac, port désigné à l'attention des navigateurs de Rome, le reste du Médoc était essentiellement boisé, et le «château sauvage» de Domnotonus, suivant l'expression de M. Corpet, devait constituer un riche domaine de hobereau chasseur et agriculteur, «cultor arenarum», entre Pauillac et Saint-Germain.

La côte à l'époque césarienne me paraît donc ainsi formée : Une longue ligne basse de dunes cultivées, orientée du S. E. au N. O.,

non longe a turris Corduana insigni, scopulisque quibus circumsepta est, nominatissima et in suburbio civitatis Medulorum olim Noviomagi, ut tradunt, quam quidam civitatem et circum vicinas plagas occupavere aquæ maris et arenæ ita ut ne materiæ quidem appareant.» Bibl. Nat., Mss., fonds de Saint-Germain des Prés. Extr. dans Mezuret, p. 22.

[1] «On y voyait naguère des tombeaux.» Masse, *Mém. du 1ᵉʳ carré de Guienne*, 1706, et *Mém. du 1ᵉʳ carré de Médoc*, 1707. — Phagion était à une lieue d'Anglemar. Masse, *Extr. sur Bordeaux*, 1723.

[2] Masse, *Mém. de la 2ᵉ carte, commencée avant la Pentecôte* 1723.

[3] Jullian, *op. cit.*, p. 194.

[4] *Ibid.*, p. 131. — *Verteuil et Saint-Sauveur*, dans *Revue de numismatique*, 1867, p. 15. — D'après Bernadau (*op. cit.*, p. 220), là fut peut-être Artrac, détruite par les Normands (?). — Jouannet, *Statistique*, t. II, p. 188. — *Rapport* de Rabanis, dans *Commission des Monuments historiques de la Gironde*, 1817, p. 33 : «Découvertes sur le domaine de Livron.» — *Rapport* de Despax, même recueil, 1864-1865, p. 60 : «Découverte de huit haches en cuivre entre Verteuil et Cissac.»

[5] Jouannet, *Statistique*, t. II, p. 188.

[6] «En 1825, à Saint-Julien, à 3 pieds de profondeur, on a trouvé, dans un vase de métal, de nombreux coins de bronze.» Jouannet, *Notice sur les villas gallo-romaines*, dans *Bulletin monumental*, 1842, t. VIII, p. 277.

[7] En 1805, un paysan a trouvé, près de Pauillac, dix-sept coins, d'une belle patine. Jouannet, article ci-dessus, p. 276.

[8] Dans le cimetière, on a retrouvé des briques à rebord et les restes d'une sorte d'égout voûté en briques. E. Piganeau, *Étude sur l'église archipresbytériale et la paroisse de Moulis*, dans *Soc. archéol. de la Gironde*, t. V, 1878, p. 27.

sur le rivage de la mer, déterminait au large du banc des Olives, c'est-à-dire à l'O. N. O. de la Négade, une saillie marquée, où il est bien simple de voir le *promontorium Curianum*. La seule vue d'une carte hydrographique récente et des lignes des sondes rend cette observation manifeste. L'extrémité Nord du Médoc se trouvait au petit rocher sis au Sud de Cordouan, englobant dans le sol continental le Chevrier et les médiocres chenaux de l'Océan actuel.

Cordouan était une île [1], mais elle pouvait fort bien être reliée, de basse mer, avec le rivage. On ne saurait dire que Noirmoutier, ou bien l'île Madame, à l'embouchure de la Charente, ne sont pas des îles, parce que le Gua et la Passe-aux-Bœufs les relient au continent voisin à certaines heures du jour.

Tirez une ligne droite de Cordouan à Soulac-station, telle dut être la côte romaine vers l'Orient. Sur la grève, *Noviomagus*, aujourd'hui disparue sous le flot, et dont le banc des Olives conserve les traces, donnait accès aux galères romaines.

Des îles jalonnaient l'estuaire : Talais, Jau [2], Saint-Pierre de l'Ille [3].

Le littoral se dirigeait, au Sud de Soulac, du Nord au Sud [4], dressait un vaste promontoire avec Grayan, Saint-Vivien, Vensac. Un golfe étroit, mais profond, faisait communiquer la Perge, vraisemblablement alors lac dunaire, avec la Gironde. La route romaine le franchissait en viaduc au Gua. La côte dessinait une anfractuosité

[1] « On fit bâtir *au milieu de la mer* une tour qu'on nomma de Cordouan. » Binks, *Mémoires* (1580), à la Bibl. Imp. de Saint-Pétersbourg, Doc. franc., n° 78 ; dans *Archives histor. de la Gironde*, t. XIV, p. 124. — « Tous les raisonnements faits sur le rattachement de Cordouan au Médoc il y a quinze ou vingt siècles sont le résultat de pures fantasmagories. » C. Jullian, dans *Annales de la Faculté des Lettres de Bordeaux : Revue des études anciennes*, 1900, p. 258. — C'est ce que Papire Masson (*op. cit.*, p. 562) veut exprimer en écrivant : « Bernardus, cognomento Allianus, mihi retulit Medulio non esse insulam. » — Cf. Masse, *Mém. du 1ᵉʳ carré de Médoc*, 1707.

[2] « Son nom vient peut-être d'un temple de Jupiter, *Jovis templum.* » Mezuret, *op. cit*, p. 138. — Jouannet, *Statistique*, t. II, p. 190. — Beaurein (*op. cit.*, t. I, p. 256) se perd lorsqu'il dit que Jau n'a jamais été une île. — Masse est plus avisé en écrivant : « L'île ne me paraît pas avoir été toute baignée par la rivière, mais par des eaux qui croupissaient autour et communiquaient mal avec la Garonne (*Mém. sur le 9ᵉ carré de Médoc*), La Rochelle, 1708, 8 ff.

[3] « On y a découvert des monnaies romaines, une inscription. » Jouannet, *Statistique*, t. II, p. 183.

[4] Parallèlement aux falaises santones. Mezuret, p. 114.

jusqu'à Queyrac, Gaillan et Lesparre [1], et rejoignait les falaises actuelles de Valeyrac, en ouvrant une série d'échancrures. Brion était un port sur la baie qui, de Saint-Seurin au Nord et Saint-Estèphe au Sud, s'enfonçait jusqu'au Guibeau [2]. Une autre baie remontait jusqu'au château de Breuil. Le fleuve baignait Saint-Julian, Cussac, Lamarque; un réservoir de l'intérieur mettait Castelnau en communication avec la mer par un chenal très large.

Une nappe d'eau intérieure s'étendait de La Perge à Lacanau, barrée par les hautes dunes de l'Ouest; elle s'ouvrait vers l'Est des effluents.

Le centre du pays était boisé [3].

Des bancs affleuraient dans la Gironde, nourrissant ces huîtres délicates dont se régalaient les amis de Pline et de Sidoine Apollinaire [4].

Telles sont les données, que les commentateurs et cartographes de Ptolémée ne viennent point contredire. Au contraire, si l'on observe scrupuleusement les lignes de leurs dessins, on trouve que le promontoire Curian est nettement orienté vers l'Ouest [5], et que

[1] «La passe est entre Jau et Lesparre.» DESJARDINS, *Gaule romaine*, t. I, p. 262-263.

[2] Ceci n'est pas douteux, car on a trouvé, près du marais de Rayson, des anneaux encastrés dans les murs d'un château. Le bas terrain était donc praticable à la navigation. JOUANNET, *Statistique*, t. II, p. 189.

[3] Cf. BEAUREIN, *op. cit.*, t. I, p. 37.

[4] «Cyzicena (ostrea)...Suaviora Medulis.» PLINE le Nat., XXXII, 21, édit. Didot, t. II, p. 381. — «Medulicæ suppellices.» SIDOINE APOLLINAIRE. *Epist. ad Tregatium*, VIII, 12, édit. Didot, p. 86. — Les bancs de Talais ont disparu depuis longtemps; pourtant, en 1414, «on aloye à Talais pour les huitres.» *Registres de l'Hôtel de ville de Bordeaux*, 5 mai 1414. Ms. — Les bancs, au nord de Valeyrac, recèlent encore aujourd'hui des gisements considérables d'huîtres. DUTRAIT, *Ausone*, dans *Soc. de géogr. de Bordeaux*, 1899, p. 53.

[5] Voici les éditions de Ptolémée dont il y a lieu de tenir compte : la première : Rome, 1478, Bibl. Nat., n° 82 de la galerie Mazarine; — Ulm, Léon. Hol, 1482, Bibl. Nat., G. 34, Rés.; — Rome, 1490 (reprod. de l'édit. de 1478), Bibl. Nat., G. 466, Rés.; — Rome, 1508, Bibl. Nat., G. 40, Rés.; — Rome, 1511, édit. de Bern. Sylvain, Bibl. Nat., G. 414 (le *promont. Curianum* y est plutôt figuré vers le cap Ferret, erreur reproduite dans l'édition de 1561 [Venise, carte de Ruscelli], et dans celle de 1574 [Venise], n°° 3066 et 3067 du Dépôt de la Marine); — Bâle, J. Schott, 1513, n°° 3049 et 3060 du même dépôt (suit celle de 1482); — édit. de Billibald Pirckheymer, vers 1540, n° 3050 du même dépôt; — Lyon, 1541, n° 3051 du même dépôt; — Cologne, 1574 et 1578, édit. de Mercator, n°° 3054 et 3057 du même dépôt; — Francfort-Amsterdam.

Cordouan forme une île, au large de la pointe de Soulac. Pour *Noviomagus*, absent dans la plupart des cas [1], il est parfois confondu avec Castelnau [2], et même avec Bordeaux [3].

Ainsi se trouve élucidée une question qui a préoccupé à juste raison les historiens.

IV

Pendant dix siècles, l'histoire se tait quant au Médoc. Le géographe reste dans les ténèbres, que n'éclairent ni les itinéraires, ni les chroniqueurs, car j'ai peu de confiance dans le déluge du vi° ou du vii° siècle [4]. La Gironde au cours du moyen âge devait conserver sa grande largeur, car les textes s'accordent à lui donner le nom de mer [5]. Des salines bordaient ses rives, par l'atterrissement des limons [6]. Saint-Pierre de l'Ille possède une riche abbaye dès le viii° siècle [7]. Cordouan, toujours île et inoccupé, reçut ses premiers hôtes, les bénédictins, qui émigrèrent bientôt pour Grave [8].

1584 et 1605, édit. de Hondius et Corn. Nicolas, n° 3055 du même dépôt; — Amsterdam, Hondius, 1619, édit. de P. Bert, n° 3056 du même dépôt (plus de détails, mais même dessin); — la carte de Boutesteyn et fils et Luchtmans (Leyde, 1704) copie Mercator (n° 3059 du même dépôt).

(1) Dans les éditions de 1511, v. 1540, 1541, 1561, 1704.

(2) Dans les éditions de 1478, 1482, 1490, 1508, 1513, 1619.

(3) Dans les éditions de 1574, 1578, 1605.

(4) En 580, selon AIMOIN, *De Gest. Franc.*, liv. III, chap. xxxii; en 601, selon ERMOALDUS NIGER, cité par MEZURET, p. 169.

(5) Par exemple : « De mare salissa usque ad mare dulce aut mare de Gironda. » DUTRAIT, *Ausone*, art. cité, p. 141, note (actes antérieurs à 1027, extrait du Cartulaire de Sainte-Croix de Bordeaux). — « Boca Jalæ, ubi Jala cadit in mare dictum Gironda; item Boca Esterii, ubi Esterium cadit in mare vocatum Gironda. » *Lettres* de PHILIPPE LE BEL, dans A. VALOIS, *Notitia*, p. 282. — « Ancoraverunt Angli ante Burgum super mare ». Henri KNIGTON, xii° siècle, dans VALOIS, *Notitia*, p. 222.

(6) « Salina de Portu Lairon (1295) ». *Cartul. de Sainte-Croix*, fol. 29. — *Gallia christiana*, t. II, p. 286. — « On ignore, dit BEAUREIN (t. I, p. 53), si le port existe encore à Soulac. »

(7) JOUANNET, *Statistique*, t. II, p. 183.

(8) « Votiva concordia declinare volentes tumultuosas procellas sæcularium actionum, Christo presule, devenimus in Corda insulam, a parte occidentali in Oceano sitam. Cumque gratia solitudinis ibi manere vellemus, ipsam insulam juris ecclesie Cluniacensis audivimus... Ipso Willelmo piscatorias construente, exuberare cepimus. Audientes itaque homines finitime regionis famam nostre conversationis, optabant perfrui solacio nostre collocationis, sed quoniam illuc vix intratur sine metu naufragii... haud procul ab ipsa insula in locum qui dicitur Grava transmigravimus ». *Cartulaire de Cluny*, t. IV, 1888, p. 800-801. — MABILLON,

Mais il se pourrait, comme je l'ai déjà dit, que l'îlot fût relié à la terre, de basse mer [1], par un chemin que Masse estime d'une demi-lieue de longueur [2].

Soulac prenait son essor, sur les bords de la Gironde [3], près d'un étang et de marais salants [4]. Je croirais volontiers qu'elle succéda à Noviomagus, peut-être détruit par les Normands [5], plus sûrement par les érosions [6].

Ann. Benedict., t. V, p. 647. — Mezuret, p. 29. — *Revue catholique*, 29 févr. 1891. — « A Saint-Nicolas de Grava sevelirent lo lur du degrez de l'outer, e qui giest bons hom qui fist l'église de Solac e de Grava et de Cordan per lo comandament Karla. » Bibl. Nat., Mss., fonds franç., n° 5714, fol. 39 r°, col. 2, et Labat, *Documents sur Royan et la tour de Cordouan*; Bordeaux, 1884, t. I, p. 1. — Lors de l'établissement de la tour, la mer ne couvrait pas la place qu'elle occupe actuellement. Teulère, *Notice* (manuscrite) *sur Cordouan*, dans Labat, *op. cit.*, p. 33. Voici le texte auquel il fait allusion : « Sciatis quod... Edwardus... infra magnum mare super introitu de Gerond, quamdam turrim et quamdam capellam Beate Marie una cum aliis domibus et substantiis de petra, ut puto, Bikeness, ac alias res ad vasa ibidem... qua quidam turris et capella et alie res per magnas venti et aque tempestatis adeo rupte sunt et prostrate, quod totus idem locus prout informatur in via perditionis existit » (8 août 1409). Rymer, *Fœdera*, t. IV, p. 156; traduit dans une lettre de Henri IV d'Angleterre (Labat, p. 2-3).

(1) D'après un titre, on allait au xi° siècle à Cordouan en charrette (Mezuret, p. 243). — Desjardins (*Gaule romaine*, t. I, p. 263) dit que Cordouan faisait partie du continent. Cf. J. Girard (dans *Soc. de géogr. de Paris*, 1875, t. X, p. 237). — « On ne peut douter qu'on a voituré par cette langue de terre tous les matériaux » (*Almanach hist. de la province de Guyenne pour* 1760, p. 1-10).

(2) Masse, *Mém. du 1ᵉʳ carré de Médoc*, 1707.

(3) « Villa que vocatur Solaco. » Charte de fondation de Sainte-Croix, dans *Gallia christ.*, t. II, Instr., p. 267. — L'ancienne basilique marque, selon Mezuret (p. 114), le port où débarqua Saint-Martial.

(4) « 1242. Solaco cum aquis dulcis et amaris, de mare salissa usque ad mare de Gyronda, et deu Brie de Syorte usque ad Grava cum marisco ». *Rôles gascons*, édit. F. Michel, 1885, t. I, p. 150, n° 1139. — Cf. Bernadau, *Antiquités*, p. 225. — Voir la description du lac dans Elie Vinet, Ausonii *Opera*, édit. de 1590, p. 208 F. Dans cet étang, devenu doux, on a trouvé logiquement des coquilles d'eau douce (Antigue, *Envahissement par la mer*, etc., *loc. cit.*, p. 506). — « En 1688, je découvris quantité de troncs d'arbres et de vestiges de marais salants » (Masse, *Extrait sur Bordeaux*, 1723). « Le terrain qui est au Nord de Soulac, et qui est aujourd'hui presque tout occupé par des dunes, était autrefois cultivé et rempli de marais salants » (Masse, *Mém. du 1ᵉʳ carré de Médoc*, 1707).... « On le voit quand la mer est basse ou que les dunes se déplacent » (Masse, *Mém. des 12° et 13° carrés d'Aunis et Saintonge*, 1706).

(5) Mezuret, p. 18.

(6) Je ne comprends pas l'assertion de Mezuret (p. 118) que Lillan date d'avant la disparition de Noviomagus.

L'abbaye de Mansirot se fonda en 1108 [1], au delà de l'immense forêt qui se prolongeait jusqu'aux étangs [2].

Les populations s'installent donc entre les étangs et la mer, sur les dunes immobilisées de l'Ouest, puis sur les rives orientales des lacs [3].

Au Sud, l'abbaye de l'Isle en Médoc étend ses domaines [4].

Au xii° siècle, nous constatons l'existence de l'abbaye de Saint-Nicolas de Grave [5], fondée en 1092 par les ermites chassés de Cordouan par le flot; de celle de Lillan [6], d'Artigues-Extremeyres [7], dont les baillis de Lesparre s'intitulèrent les sénéchaux [8].

A la fin du xiii° et au début du xiv° siècle, le Médoc se présentait

---

(1) Charte de fondation de Sainte-Foy de Mansirot, dans *Gallia christ.*, t. II, Instr., p. 277, et BEAUREIN, t. I, p. 317 : «Damus omnem terram arabilem quam in tota foresta inveniri bona poterit ad laborandum, concedentes etiam pascua a Padiir per forestam... Concedimus etiam partem... illum locum qui vocatur Mansirot, situm inter mare et stagnum, et secundum loci situm placuit appellari Marestant».

(2) «Concedimus etiam partem quam secundum loci situm placuit appellari Mare Stagnum.» Charte de fondation de Sainte-Croix de Bordeaux.... — «A rivo de Lacanau usque ad locum vocatum au Poth, qui locus est in introitu foreste domini de Sparre a parte Landarum.» 3 janv. 1332, Transaction entre les seigneurs de Lesparre et ceux de Carcans, dans BEAUREIN, t. I, p. 97.

(3) «In locis que dicuntur Nartolz, Mengaus et Meyors»... «Compeans et Fayas»... «Turriac, qui locus est in parrochia Sainte-Helenae»... «Bedalhon, Truncatz». *Comptes de l'archevéché de Bordeaux*, publ. par Léo Drouyn, dans *Archives hist. de la Gironde*, 1882, 2 vol. in-4°; t. II, p. 90-91.

(4) 1037 (Geoffroy de Loriole, abbé), dans G. DE LURBE, *op. cit.*, à cette date.

(5) «De ecclesia S. Nicolai de Grava, quod, ut asseritis, vestri juris, est et in parrochia ecclesiæ vestræ S. Mariæ de Solaco sita est». *Gallia christ.*, t. II, Instr., p. 280. — «Prior S. Nicolai de Grava»... 13 sept. 1243, dans *Rôles gascons*, t. I", p. 251, n° 1950. — «Villam S. Makarii, cum prope adjacentem insulam et cum paduenza in terra et in mare, et alteram villam S. Hilarii de Ortoislano et aliam villam que vocatur Solaco». *Ibid.*, t. I", p. 150, n° 1139. — MEZURET (p. 244) dit, à tort, que Grave était une île.

(6) Saint-Pierre de Lillan (*S. Petrus in Ligno*) fut fondée par Zachée. MEZURET, p. 118. — Adam de Lilhan et Eble de Lillano sont cités dans RYMER, *Fœdera*, t. IV, 30 (année 1303), et II, I, 84 (année 1315). Cf. *Comptes de l'archevéché de Bordeaux* : «Miramunda, filia Thoaldi de Lilhano» (t. II, p. 86); le chapelain de Lilhan (t. I, p. 4); dernière mention en 1339-1340 (t. II, p. 51).

(7) *Comptes de l'archevéché de Bordeaux*, 1339-1340 (t. I, p. 40), 1367 (t. II, p. 88), 1399 (t. II, p. 538). «Artigues-Extremeyres et Barbe, loci in parrochia de Bensac». Le prieuré n'apparaît qu'au xiii° ou xiv° siècle :.... «davan la porta deu priorat de Artigua-Extremeyra» (Acte du 1" novembre 1353, dans BEAUREIN. t. I, p. 206.

(8) BEAUREIN, t. I, p. 205-206.

donc ainsi : L'Océan, continuant à ronger ses bords, avait repoussé le littoral vers l'Est [1], fait disparaître le promontoire Curian, Noviomagus (dont il n'est fait aucune mention au moyen âge), et tendait à redresser la ligne basse du rivage. Soulac avait succédé à Noviomagus [2]. Lillan s'était bâti, sans doute au xe siècle, au Sud-Ouest de Soulac [3]. Plus au Sud, Artigues-Extremeyres devait se trouver non loin de la dune actuelle de la Barreyre [4]. Des hameaux jalonnaient le pays entre Artigues et les lacs, dont le port disparu de Pelos [5] et celui d'Eslume [6]. Les étangs d'Hourtin et de Lacanau baignaient des huttes de nombreux habitants, ceux de Hourtin, de Sainte-Hélène (peut-être l'ancien Mansirot), de Carcans, de Lacanau.

Au Nord-Est de Soulac, Saint-Nicolas de Grave dominait l'estuaire de la Gironde [7]. Le pays était encore couvert d'immenses

---

(1) «On voit un ancien four à résine ou goudron et des troncs d'anciens pins de trois à quatre pieds baignés par la mer. Ce four était dans une forêt depuis submergée». BEAUREIN, t. I, p. 125.

(2) Soulac dut une part de son développement à la venue de Sainte Véronique, «qui aborda à la côte occidentale de Gascogne en un port que les habitants du pays appellent Solac, sans doute parce qu'il est en face du soleil couchant». Baptista Salvatoris de Garcia de Bazas, dans MEZURET, p. 88. — En 1379, il y avait 700 chefs de famille dépendant de Sainte-Croix de Bordeaux; le bourg comprenait 45 à 50 rues. J. VILLIET, *op. cit.*, p. 293. — La ville était longée par des jetées pavées. MEZURET, p. 27.

(3) C'est à tort que JOUANNET (*Statist.*, t. I, p. 12) dit que Lillan, Saint-Nicolas, Talais et Soulac furent ensevelis au xiiie siècle. «Saint-Pierre de Lillion» figure dans la *lieve* de 1420; «Lilian» dans celle de 1546. BEAUREIN, t. I, p. 91.

(4) MEZURET (p. 243) croit qu'Artigues-Extremeyres se trouvait plus au Sud-Ouest, près de l'ancienne chapelle de Montalivet, et qu'elle a été emportée par les sables et les eaux. — Entre Artigues et Grayan, Carau a été ensablé. Sur la côte, Magrepols a été détruit par la mer. BEAUREIN, t. I, p. 236-239.

(5) «Marestant Arrobert reconnaît (17 mai 1286) à Eyquem Guilhem, seigneur de Lesparre, ce qu'il tient de lui du port de Pelos à Naujac, en traversant Maganhan (aujourd'hui Magagnan, deux kilomètres Est de Naujac), jusqu'au grand chemin de Carcans, et en le suivant jusqu'à Onhac, puis tirant droit à travers la forêt jusqu'à Leutz, Deferendeng et Pelos (aujourd'hui Peloux, où était un port à l'extrémité Nord de l'étang)». BEAUREIN, t. I, p. 97.

(6) Bourg dépendant de Vendays, avec une chapelle (titre de 1355), aujourd'hui disparu. Il devait être au pied de la montagne de Mont, près de la forêt de la Règue (acte du 13 fév. 1347) : «la Règue qui va jusqu'au Mont Blanc». BEAUREIN, t. I, p. 100.

(7) «Il y avait une paroisse considérable et le bourg était proche, où sont les vestiges de la chapelle Saint-Nicolas». MASSE, *Mém. du 1er carré de Médoc*, 1707.

forêts [1]. La côte Est s'empâtait par alluvionnement. Soulac se rejoignait à Talais [2], mais Jau était toujours une île [3], et une baie s'ouvrait au Sud de Saint-Seurin, dominée par la chapelle d'Entre-deux-Arcs [4].

Mais un facteur nouveau était entré en jeu. Les dunes, dénudées par les incendies (peut-être allumés par les Normands [5], ou bien par l'imprévoyance coupable des habitants), les dunes commençaient leurs incursions dévastatrices [6].

Aux xive et xve siècles, les habitants de Luzerne [7], située au port actuel du Sable, durent fuir, ainsi que ceux de Sainte-Hélène [8] et de Hourtin [9], devant les étangs que chassaient les dunes [10].

[1] Cf. La Légende de Cenebrun, dans Mezuret, p. 137. — Chasses des seigneurs de Lesparre, dans Jouannet, *Statistique*, t. I, p. 13.

[2] « La dicte juridiction s'étend despuys la Pinède jusqu'à la pointe de Soulac, et despuys la pointe jusqu'au port de Thallas, et tout le long du canal dudit Thallas, jusqu'aux grandes montagnes de Sable et à la mer de Gironne ». Mezuret, p. 179.

[3] On y a trouvé un cimetière antique. La vieille chapelle de Notre-Dame a disparu. Mezuret, p. 138.

[4] Elle subsista jusqu'au milieu du xviiie siècle. Beaurein, t. I, p. 25. — Mezuret, p. 139.

[5] « Ea (Noviomagus) forte est quam a Normannis sola æquatam fuisse scribit P. Louvet » (Pierre Louvet, *Histoire d'Aquitaine*, etc.; Bordeaux, 1659, in-4°), dans Mezuret, p. 264.

[6] Peut-être au ve siècle. Cf. Laval, *Mém. sur les dunes du golfe de Gascogne*, dans *Annales des Ponts et Chaussées, Mém. et docum.*, 1874, t. XIV, p. 231.

[7] Dans l'étang de Cartignac-Hourtin. — Cf. Rabanis, *Notice sur Florimond, sire de Lesparre, suivie d'un précis hist. de cette seigneurie*, dans *Actes de l'Acad. de Bordeaux*, 1843, p. 140. — « Auquel lieu (Cartignac) les anciens disent y avoir été une ville qui abisma, appelée Luzerne », écrivait, à la fin du xvie siècle, le rédacteur de l'*Inventaire de la sirie de Lesparre* (voir plus loin). — Massé dit : « Au Sud d'Hourtin, l'ancien chenal dit de la Venaide, qui fut très profond et est comblé, le vulgaire dit qu'à son embouchure dans l'étang était la ville de l'*Auvergne*, qui pouvait être celle dont parle la Chronique de Bordeaux, Ausone, Strabon : *Noviomagus*. On ignore où elle fut bâtie. On prétend qu'elle fut submergée par l'étang, qui pouvait être alors plus petit, puisqu'on assure qu'il avait une embouchure au Sud de la pointe de Ballas » (*Mém. du 3e carré de Médoc*, 1708).

[8] « Autre chenal, jadis profond, au Nord de la chapelle Sainte-Hélène, dont une partie a été submergée par l'étang qui l'inonde en hiver ». Masse, *Mém.* ci-dessus.

[9] « Dans un petit ilot, on montre quelques arbres sur les ruines de Sainte-Hélène. » On les appelle *Senta Lenote*, la petite Sainte-Hélène. Mezuret, p. 243. — Cf. Jouannet, *Statistique*, t. I, p. 13.

[10] « Jadis les étangs étaient plus près de la mer qu'aujourd'hui. » Grandjean, *op. cit.*, p. 212.

La tempête de 1360, qui vit l'ensablement de l'Adour et le bouleversement de la Gascogne, contribua peut-être aux catastrophes[1].

L'influence simultanée des courants venant du Sud et du Nord[2] devait avoir eu pour effet de morceler la côte en baies larges, mais peu profondes[3]. C'est dans celle du Gurp[4], d'Anglemar[5], ou dans celle des Anglots[6], que Talbot débarqua en janvier 1452[7].

Une autre baie portait le port d'Anchise[8], ou Balanai[9], à

[1] JOUANNET, *Statistique*, t. I, p. 13. — DUFFART, *Origine des sables* (voir plus haut), p. 6.

[2] L'existence du courant du Nord au Sud est prouvée par la tendance des ruisseaux côtiers à s'incliner vers le Sud. LAVAL, *Mém. sur les dunes du golfe de Gascogne*, déjà cité, p. 224. — Il y a un troisième courant perpendiculaire au rivage. Cf. DUFFART, *Origine des sables*, p. 6-7.

[3] Le célèbre pilote-écrivain du xv° siècle, Pierre GARCIE, est muet sur cette côte. Cf. le texte que j'ai tiré de son Grand Routier : *Gironde et Gascogne*, dans *Soc. de géogr. de Bordeaux*, 1902, et tirage à part, in-8°, de 20 pages.

[4] MEZURET, p. 291. — Elle est très nettement marquée dans la carte du portulan de Pinelli, 1384 (Walckenaer), publiée dans NORDENSKIOLD, *Periplus*; Stockholm, 1897, in-fol., pl. 15.

[5] MASSE, *Mém. du 9° carré de Médoc*; La Rochelle, 1708, 6 ff. : «L'anse étant à 12,000 toises Nord-Ouest de Lesparre.» — «Il devait être plus profond et l'abordage meilleur.» MASSE, *Mém. du 2° carré de Médoc*, 1708. — MASSE, *Mém. du 1er carré de Guienne*, 1706. — «Cette baie était à une lieue de Phagion.» MASSE, *Extrait sur Bordeaux*, 1723.

[6] MASSE dit que le port des Anglots était différent de celui d'Anglemar, «à 600 toises au sud» (*Renvois de la carte du Bas-Poitou*, 1719, et *Mém. du 9° carré de Médoc*, 1708). Il pouvait y avoir jadis un écourt ou boucau déchargeant les eaux de l'intérieur. — JOUANNET, *Statistique*, t. II, p. 190. — BEAUREIN, t. I, p. 236.

[7] Sur les nombreux ports de la côte, cf. DUFFART, *La Baie d'Anchise*, dans *Soc. de Géogr. de Bordeaux*, 1896, p. 13-15, et *les Anciennes Baies de la côte de Gascogne*, ibid., p. 98-109.

[8] Le Portulan de Pinelli marque Arzile. — Anchises est placée dans les terres par F. BERLINGHIERI, *Geographia*; Florence (v. 1478), in-fol., carte *Gallia novella* (reprod. dans NORDENSKIOLD, *Fac-simile Atlas*; Stockholm, 1889, pl. 13). — DUFFART, *La Baie d'Anchise*, p. 13-15.

[9] Balanai, Balania, Balana, Valanan, Balenat. Comparez Banella, bourg d'Arvert, dans mon mémoire sur le *Pays d'Arvert*, passim. — Balanai (*Carta navigatoria*, Bibl. d'Upsal, xv° siècle, reprod. dans NORDENSKIOLD, *Periplus*, pl. 19); Balana (carte d'Andrea Blanco, 1436, reprod. *ibid.*, pl. 20). Cf. Portulan 227, cité dans DUTRAIT, *Topogr. anc.*, etc., p. 385. — SAINT-JOURS (*État anc. du litt. gascon*, dans *Soc. de géogr. de Bordeaux*, 1901, p. 46, dit que la Balana, Malai, Anchise, ne figurent pas dans les lièves de Bordeaux, et, à tort, que Balana est Hourtin.

l'Ouest d'Hourtin [1]. Une troisième, celle de Malie [2], à l'Ouest du Porge, précédait la passe d'Arcachon [3].

Entre Anchise et Arcachon, le havre Saint-Vincent [4] déversait dans l'Océan les eaux de Lacanau, à moins qu'il ne fût lui-même le Mallas des portulans.

Au sommet septentrional de la péninsule, Sainte-Marie de Soulac commandait l'estuaire de la Gironde [5].

Cette côte, du Pas de la Grave à Audenge, avait onze grandes lieues [6]. L'îlot de Cordan ou Cordouan s'éloignait du continent, mais n'était pas encore un rocher couvert d'eau [7].

[1] Pour DULIGNON-DESGRANGES et DUFFART, Anchise est entre le 33ᵉ et le 34ᵉ kilomètre; pour BUFFAULT, c'est la Deyre de Naujac (SAINT-JOURS, *État ancien*, p. 46). Pour DUTRAIT (*Topogr.*, p. 393), il est entre le kilomètre 28 et 33, à mi-chemin au Nord du marais de Belsarieu, sous la dune au Sud-Ouest de la Brisquette et du Deyre.

[2] Ponta Maia (A. Blanco), Mallas (portulan de Freduci d'Ancône, 1497, Bibl. de Wolfenbüttel). Aujourd'hui évidemment Malie, et non Lacanau (SAINT-JOURS, *État ancien*, p. 46).

[3] *Archi* (carte cartalane de 1375), *Archixon* (carte de G. Soleri, 1385, reprod. dans NORDENSKIOLD, *Periplus*, pl. 18), *Arcapon* (*Carta navigatoria*, ci-dessus), *Archaxon* (A. Blanco), *Archixon* (Petrus Visconte, 1318, reprod. dans *Periplus*, pl. 6). *Archivana* (Portulan Laurentien, ou des Médicis, 1351, reprod. dans *Periplus*, pl. 10), *Archisom* (Freduci, 1497).

[4] «L'étang de Lacanau, assure-t-on, débouchait autrefois à la mer. On prétend qu'il y avait un boucault ou port considérable, dit Saint-Vincent, marqué sur les anciennes cartes marines. Est-ce le déversoir de Cartignac ou de Lacanau? La tradition dit que le vieux goulet de Lacanau s'est bouché par une île flottante de roseaux et de tourbe qui a brûlé (on en voit encore les vestiges). Lacanau était aussi un port; il reste d'ailleurs les vestiges d'un chenal, à présent presque comblé, que l'on dit avoir été large et profond.» MASSE, *Mém. du 4ᵉ carré de Médoc*, 1708. — Les issues de Lacanau correspondent au Trou du Fer et au kilomètre 64, selon DUTRAIT, *Topogr.*, p. 373.

[5] *Sancta Maria, Solach* (carte catalane de 1375), *Santa-Maria de Solac* (G. Soleri, 1385) *S. Maria de Solach* (*Carta navigatoria*, xvᵉ siècle), *Solac* (A. Blanco, 1436), *S. M. de Solac* (P. Visconte, 1318), *Solac* (Portulan Laurentien; la côte est rectiligne de Soulac à Arcachon), *S. M. de Solac* (Berlinghieri), *Sᵗ Maria de Solach* (Freduci, 1497), *Solac* (Portulan, Bibl. Nat., Mss., fonds franc., n° 24909).

[6] «Sur le bord de l'Océan, commençant au Pas de Grave, au Nord, et jusqu'aux terres et baronie de Lacanau et d'Audenge, ce qui fait onze grandes lieues de côtes. En quoi de front de ladite mer, il y a huit grandes lieues», Lettre patente de Charles VII, en faveur d'Amanieu d'Albret, dans RABANIS, *Notice sur Florimond, Sire de Lesparre*, loc. cit., p. 138.

[7] *Cordan* (carte catalane de 1375). *Cordan* (P. Visconte, 1318), *Cordan*

Une série de bancs jalonnaient le rivage[1]. Ce sont eux qui devaient combler les baies, ensabler les estuaires[2].

A l'Est, un golfe vaseux et marécageux s'échancrait vers Saint-Vivien[3], Lesparre[4] et Saint-Germain[5].

Le centre du pays avait conservé ses bois où les sires de Lesparre chassaient à l'envi[6].

Mais un tremblement de terre survint en 1427[7], qui amena une recrudescence dans l'activité des dunes, et les forêts disparurent sous les dunes, au point qu'on voyait des lièvres gîter au sommet des arbres[8], et des cités furent ensevelies[9].

(G. Soleri, 1385), *Cordan* (*Carta navigatoria*), *Cordan* (A. Blanco, 1436), *Cordan* (Freduci, 1497). — «C'était une île couverte de pâturages au XIV° siècle, sur laquelle le prince de Galles faisait édifier phare, chapelle et maisons de pierre de Bikeness.» ARCÈRE, *Hist. de la Rochelle*. Cf. plus haut DELFORTRIE, *Phénomènes géol. du dép. de la Charente-Inférieure*, dans *Académie de la Rochelle*, 1876, p. 162. — «L'édifice bâti par Charlemagne avait été fondé sur le sable d'une petite île, avec des pilotis et des plates-formes, dont l'on pouvait déjà remarquer quelque chose lorsque j'y fus. L'on tient qu'il y avait là quelques habitations.» Bibl. Nat., Mss., fonds franç., n° 4600, et LABAT, *op. cit.*, p. 63-64. — Cordouan devait toutefois être à plus d'un kilomètre du rivage : «un grand cart de lieue dans la mer», chiffre donné, en 1544, par Ch. de Coucy, sire de Burie, à Catherine de Médicis (*Revue de Gascogne*, t. XVI), et LABAT, *op. cit.*, p. 14.

[1] *Carta navigatoria*, A. Blanco.

[2] DUFFART, *Anciennes Baies*, p. 100.

[3] *Carta navigatoria*, A. Blanco.

[4] *Carta navigatoria*, A. Blanco, P. Visconte.

[5] *Carta navigatoria*, A. Blanco. «Il comprenait le palu de Reysson, le palu de Brion, le marais du Rot de Pederlan, la Calupeyre». BEAUREIN, t. I, p. 208.

[6] Chasses des seigneurs de Lesparre, dans JOUANNET, *Stat.*, t. I, p. 63. — BEAUREIN, *passim*.

[7] «... terræ motus maximus illic contingit anno 1427, neque desunt qui referunt cum silvis pagisque proximis urbem arenarum molibus obrutam esse, quas ventorum rabies eum in tractum convexerat.» Le P. FOURNIER, *op. cit.*, p. 315.

[8] «... Illic in cacumine arborum lepores, apros, damas, cervos, atque alia exteris incredibilia conspicuas, cujus rei fides esto penes Alanus Santonus». Papire MASSON, *op. cit.*, p. 561.

[9] «Villa et vici quidam obruti nuper fuerant, pinosque altissimos, quibus abundat ea regio, memorant incolæ vidisse se pauculis annis totos ita tumulari». Élie VINET, dans AUSONII *Opera*, p. 208 F. — Peut-être à cette époque une partie de Mayan fut submergée. Le bourg existe toujours, mais une partie est ensevelie sous le piquey de ce nom. BEAUREIN, t. I, p. 126.

V

Les documents du xvie siècle ne nous fournissent guère de ren-
seignements nouveaux pour le littoral océanique[1]. Il est à croire,
avec M. Duffart, que la baie d'Anchises devenait peu praticable vers
la fin de ce siècle[2]. Celle-ci se trouvait sûrement à l'Ouest de
Naujac : Masse en indiquait l'entrée d'après des vaisseaux qui s'y

[1] Il n'y a rien à tirer de la Harleian Anonym. Mappemonde, de 1536 (Brit. Museum, add. mss. 5413) et des mappemondes de Pierre DESCELIERS, 1546 (Bibl. Lind., French mss. 15) et 1550 (Brit. Museum, add. mss. 24065). Dessin analogue à ceux du xve siècle, dans le PTOLÉMÉE de 1508 (*Galliæ tabula moderna*, donnant *S. M. de Solacis et Anckiser*) et dans la carte de G. CALAPO, 1552 (reprod. dans NORDENSKIOLD, *Periplus*, pl. 26), qui marque *S. M. de Solat, Malus, Archixon*. Deux cartes italiennes de 1553 et 1554 (DUTRAIT, *Topogr. anc. des lacs*) donnent *Anchiser*. — PYRRHUS LIGORIUS, *Totius Galliæ descriptio*, 1558 (Bibl. Nat., Cartes, Rec. factice GeDD 627), où sont gravés : Ste-Marie et Anchises, sans précision; imité par Marco Antonio RADICI, *Totius Galliæ exacta descriptio;* Bolognus Zalterius, Venise, 1566 (*ibid.*, même n°). — Carte de JOLIVET (vers 1560), dans ORTELIUS, *Theatrum* (Anvers, 1583). — Jo. Diego OLIVES, 1568 (reprod. dans *Periplus*, pl. 29). — Diego HOMEM, 1569 (dans *Periplus*, pl. 28), qui distingue *Solac* de Ste-Marie, et note *Balana* et *Archixon*. — G. POSTEL, *La vraye et entière Description du royaume de France* (Bibl. Nat., Cartes, Exp. n° 233). — BELLEFOREST, *Cosmographie*, 1575 (*Description générale de toute la France*). — Demetrius VOLTIUS, 1593 (reprod. dans *Periplus*, pl. 30) omet Soulac. — William BARENTZON, *Sea Chart of the Mediterr. Sea*, 1595 (reprod. dans *Fac-simile Atlas*, pl. 39), d'après un ancien portulan, marque *Anchises* et *Arcaxon*. — Beaucoup de cartographes copient, d'ailleurs, la carte d'Oronce FINÉ, 1539 (*Nova totius Galliæ descriptio;* Paris, Jérôme de Bourmont; Bibl. de Bâle). Cf. L. GALLOIS, *De Orontio Finæo* (Paris, 1890, in-8°) et *Les Origines de la carte de France d'Oronce Finé* (Paris, 1891). — Jodocus HONDIUS, *Nova totius Galliæ descriptio*, 1600 (Bibl. Nat., Cartes, Ge DD 627) indique une baie au Nord de celle d'Anchises.

[2] DUFFART, *La Baie d'Anchises*, p. 14. — Cependant la *Thrésorerie ou Cabinet de la routte marinesque*, de Lucas WAGENAER, édité par Bonaventure d'Aseville (Calais, 1601; Bibl. Nat., Cartes, Ge FF 3426), dit (p. 80) : «Y a un havre de marée, nommé Agnès ou Agnète, auquel un grand navire peut bien entrer de haute mer; c'est un profond havre de marée». Je préfère le témoignage local de Masse : «Les habitants du pays racontent qu'au xvie siècle six vaisseaux portugais venant des Indes s'échouèrent sur la grève du Médoc, pensant trouver le port où s'écoulaient les eaux de Cartignac. On voit encore la carcasse du plus grand navire, la grande caraque, quand les eaux sont basses» (MASSE, *Mém. du 3e carré de Médoc*, 1708). «Cet endroit s'appelle la Trusse de Layrac et est à l'Ouest du Boucau, lequel est à la pointe du Bobillard» (MASSE, *Extrait sur Bordeaux*, 1723).

perdirent. Elle était d'ailleurs à l'orée d'un canal aboutissant à l'étang de Hourtin, dont on a retrouvé des vestiges[1].

L'île de Cordouan porta, en outre, dans nombre de cartes, le nom de Médoc ou d'Antros.

Nous sommes mieux renseignés quant au cours de la Gironde et aux embouchures du fleuve, grâce aux premiers *Miroirs de la mer*, de l'illustre Waghenaer[2], qui viennent compléter la carte initiale

[1] DULIGNON-DESGRANGES (*op. cit.*) note, en 1875-1876 : «Nous avons pu relever, entre le 33° et le 34° kilomètre, en venant de la pointe de Grave, un ancien lit de rivière, de 20 mètres environ de large, peut-être bien l'Anchises. Sa sortie de l'étang est encore bien visible et se trouve à peu de distance de la maison forestière». — DUFFART, *La Baie d'Anchises*, p. 15. — Deux cours d'eau figurent, d'ailleurs, au Nord d'Anchises, et dans la carte de G. Postel (voir plus haut) et dans celle de N. BORGUENAULT (*Dauphiné, Languedoc, Gascoigne, Provence et Xaintonge*, 1593; Bibl. Nat., Cartes, Ge DD 627), due certainement à Pierre ROGIER. Celui-ci indique Anchises au fond d'une baie que ferme, au Nord, un cap accentué. Pourtant aucune rivière ne figure dans la *Cosmographie* de Jehan ALLOFONSCE (Alfonce) et Paulin SECALART (Bibl. Nat., mss., fonds franç. 676), de 1545, qui indique trois baies entre Soulac et *Carcasone* (Arcachon). «La petite baie entre Soulac et Carcasone est l'entrée de l'ancien port de Balanai, Balanau ou Balenat, et Anchises en français» (R. DE VOLONTAT, dans *Ports de France*, t. VI, 2° part., p. 562).— JOUANNET place un estuaire près du Pey-deu-Camin ou Deyre, où se trouve une fosse de 15 mètres. Il ajoute : «On dit que, lors de l'invasion, quelques barques hollandaises, surprises dans le chenal, furent dépecées» (*Statist.*, p. 49); mais Anchises aurait été sur un deuxième estuaire, affluent du lac de Lacanau, d'après les titres de la famille Vertamont (*ibid.*, p. 51). — M. DUTRAIT écrit (p. 389) : «La berle de Lupian, unie à celle de Caillon, débouche par le port du Sable. Le quartier au Nord s'appelle Peydeau-Camin ou Berre (le Berre ou Beyre des anciennes cartes). Dans le prolongement se trouve une fosse de 3 mètres. En prolongeant la direction Sud-Sud-Est à l'Ouest-Nord-Ouest, on arrive à une anse, jadis fréquentée puisqu'on y a retrouvé un guindeau, dite anse des Bahnes. Au Nord, le Clot ou Crou forme un renfoncement». Il ajoute que le ruisseau dut remonter au Nord, par les marais de Belsarieu, de Lesparre et de la Perge, et effluer, de commun avec la Deyre, par la trouée de Montalivet. «Mais la dune du Peloux le repoussa vers le Sud». — Si l'on s'en réfère à Masse, il est plus simple de croire que l'hiver l'étang, s'épandant vers le Nord, communiquait avec la Perge, et à l'occasion brisa la dune occidentale. De là le cours d'eau figuré dans certaines cartes au Nord d'Anchises (voir plus loin).

[2] Corn. DE JODOCIS, *Speculum orbis terrarum*; Anvers, 1589 (carte *Gallia*). — Jean WAGHENAER, *Miroir de la mer*; Anvers, 1590 (Bibl. Nat., Cartes, DL 94-77). — *Le Nouveau Miroir des voiages marins*, par Lucas, fils de Jean CHARTIER, comp. par Guill. Bernard; Anvers, Jean Bellère, 1600 (*Carte die Zee custe van kandt van Poictou en de Bordeaux*, etc.; Bibl. Nat., Cartes, Ge DD 314). — Lucas Janz. WAGENAER, *Thrésorerie ou cabinet de la route marinesque*; Calais, 1601 (voir plus haut).

de la *Cosmographie* alfonsine[1]. Il en résulte que Cordouan était encore «une petite île, environnée de rochers»[2], et séparée du continent par le Pas de Grave[3]. On constate nettement les apports limoneux et arénacés le long de la côte médocaine, surtout dans les baies de Talais et Saint-Vivien[4]. Le Pas de Grave a environ 5 brasses de profondeur.

Les bancs se multiplient : les Olives, le Chevrier, Taillefer-Talais[5], les Marguerittes[6] et une série d'affleurements de Saint-Vivien à Pauillac[7]. Le chenal occidental de la Gironde a de 5 brasses[8] de fond à 7[9].

L'intérieur du Médoc est encore mieux connu, grâce à un document manuscrit de la Bibliothèque Nationale : *l'Inventaire de la sirie de Lesparre*[10].

À l'Est, une série d'étiers[11] déversent leurs eaux dans le fleuve. Ce sont, du Sud au Nord : l'étier de Saint-Vincent[12], déversant le

[1] Plan de la rivière de Bordeaux (dans le manuscrit déjà cité).

[2] «Et y a une petite île à son entrée (de la Gironde), toute environnée de rochers» (*Cosmographie* d'ALFONCE). — «Plus d'une lieue avant dans ladite mer» (*Inventaire de Lesparre;* voir plus haut). — «Si tu veulx entrer à l'Aymas de Bourdeaux, à sçavoir en la bouche de Gironde et cap de Sainte-Marie de Soulac, en mauvais temps, il faut mettre la tour des Dônes avec le cap devers l'isle du côté du rais, et par le milieu de la tour y a une sèche devers levant, et y trouveras à 3 brasses 1/2 d'eau, jusques à 3, non plus». *Le Portulan;* Aix-en-Provence, 1577 (1578), in-4°; traduction du *Portolano* vénitien anonyme (Venise, 1490, in-folio).

[3] «Et l'aultre (entrée) est devers le su de la tour, qui est dite le Pas de Grave, est entre au long la coste de la terre de Médoc». ALFONCE, *Cosmographie.*

[4] *Ibid.*

[5] *Miroir de la mer*, 1590. Les bancs de Taillefer-Talais s'y appellent *Maritis.* — Le Chevrier se nomme le Rouillat dans la carte de 1600.

[6] Scindées en deux dans la carte de 1590.

[7] Il y en a cinq dans la carte de 1590, mais un seul dans la *Cosmographie* d'Alfonce, de Castillon à Pauillac. Ces bancs sont au nombre de quatre dans la carte de 1600. Dans celle de 1601, il n'y a que le banc de Talais, et un long banc de Saint-Vivien à Patiras.

[8] Dans la carte de 1600 : 7 brasses à Pauillac.

[9] Dans la carte de 1590 : 9 brasses vers Pauillac; les chiffres vont, au contraire, de 5 à 5 dans celle de 1601.

[10] L'intitulé est : «*Pour sçavoir du vray de la terre de sirie de Lesparre».* Mss., fonds franç., n° 5516, 112 ff., papier, fin du xvi⁰ siècle.

[11] Ils sont onze (*Invent. de Lesparre,* fol. 10 v°). — Cent ans plus tard, ils recevaient, en partie, de grosses barques (MASSE, *Mém. du 9° carré de Médoc*, 1708).

[12] Navires de 30 tonneaux (*Invent.,* fol. 11 r°).

palus du Puy; l'étier ou Rouille de Couleyo[1], presque comblé; l'étier du Vin, sous Saint-Estèphe[2]; l'étier de Mapon, qui décharge l'ancienne baie de Reyson[3]; la vieille Rouille de l'abbaye de l'Isle[4]; l'étier de Metz[5] ou Mazail; la Rouille de Saint-Christoly[6]; l'étier de Bit ou By[7], dégorgeant le palus de Séran; la Rouille de Balerac[8], précédant les palus qui ont remplacé le golfe de Queyrac; l'étier du Pont de Bricy[9], aujourd'hui Brion; l'étier de Saint-Vivien[10]; l'étier de Talais[11]; la courtine de Soulac, déversoir des marais[12]; le chenal de Soulac[13]; le petit chenal de Rambain[14], bordant de verts pâturages.

En résumé, un colmatage qui va s'accentuant.

Les dunes font des leurs, et l'Inventaire de la sirie de Lesparre jette un douloureux cri d'adieu à la forêt disparue[15] qui arrêtait les avages des sables. A la pointe, la mer emporte les propriétés[16].

[1] «Près du Meyne (Maynet)... «laquelle, pour estre presque comblée, ne se charge qu'un bateau de port de 3 tx» (*Ibid.*, fol. 11 v°).

[2] Près de Notre-Dame-entre-deux-Arcs: 30 tonneaux (*Invent.*, fol. 11 v°). — «Jadis un chenal déversait son extrémité jusqu'à la Gironde». BEAUREIN, t. I, p. 192.

[3] 20 tonneaux (*Invent.*, fol. 11 v°).

[4] «Le terrain environnant est palu» (*Ibid.*, fol. 13 r°).

[5] 20 tonneaux (*Ibid.*).

[6] 12 tonneaux (*Ibid.*). — «Jadis à Saint-Christoly il y avait un port. Les fossés en sont comblés, ainsi que le port». MASSE, *Mém. du 9° carré de Médoc*, 1708.

[7] 30 tonneaux (*Invent.*, fol. 13 v°).

[8] «... où les grands batteaux n'abordent» (*Ibid.*, fol. 14 r°).

[9] 1 tonneau (*Ibid.*, fol. 15 r°); communique avec un palu.

[10] 16 tonneaux; palu communiquant avec celui de Queyrac (Cairac) (*Ibid.*, fol. 15 r°).

[11] 5 tonneaux (*Ibid.*, fol. 17 v°).

[12] *Ibid.*, fol. 17 v°.

[13] «Sur le limon de la rivière appelé la Crassa de Talais» (*Ibid.*, fol. 18 r°).

[14] «... long de 600 pas, 30 tonneaux» (*Ibid.*, fol. 18 v°).

[15] «Les dits Xaintongeais estrangers et mesme les dits habitants de Soulac ont dégradé et dégarni de bois ledit lieu (Soulac), qui avoit esté, comme on dit, une belle fouretz» (*Ibid.*, fol. 19 r°).

[16] «Mon frère (Théodore), sieur d'Arsac, veoid une sienne terre ensepvelie soubs les sables que la mer vomit devant elle; le faiste d'aucuns bastiments paroit encore; ses rentes et domaines se sont eschangez en pasquages bien maigres. Les habitants disent que, depuis quelque temps, la mer se pousse si fort vers eulx, qu'ils ont perdu quatre lieues de terre. Ces sables sont ses fourriers, et veoyons de grandes montaignes d'arène mouvantes qui marchent d'une demie lieue devant elles et gagnent pais.» MONTAIGNE, *Essais*, I, 30.

Soulac s'ensevelit[1], mais conserve quelques salines[2]. Lillan est en mauvaise posture, et il faut accorder des exemptions aux habitants, réduits à presque rien[3].

Artigues-Extremeyres a subi le sort fatal[4], ainsi que Cadameyrac, Trampian[5], Maine-Monet, enseveli sous la dune de Mourey[6].

Au Sud d'Artigues existaient encore des bois[7] longeant la mer. D'Artigues à Vendays s'étendait un vaste palud, long et large de 2 kilomètres[8]. Au Sud, séparé de la grève de Vendays par la forêt de Mont[9], l'étang de Cartignac allait du Peloux à Talaris, c'est-

[1] «La rente des habitants de Soulac a diminué, à cause que les sables ont couvert de force maretz, prés, bois et aultres lieux». (*Invent. de Lesparre*, fol. 80 v°). — Cf. Titre de 1580 de la prévôté de Soulac, d'après lequel les sables ont défiguré le bourg et anéanti les prérogatives (dans BEAUREIN, t. I, p. 44).

[2] «Au lieu de Soulac, dedens laquelle terre de la seigneurie de Lesparrois deux pièces de terres sallées, dont l'une est appellée Port Lairon et l'autre le Meho (?), 25 livres 17 sols tournois» (*Invent.*, fol. 89 v°). Il cite, en outre, les salines des Plattes, de Manaud, du Broust à Forston, de Guiranton (fol. 19 v°).

[3] «Les sables ont tellement couvert tout le dit lieu, qu'il n'y a plus d'habitants.» (*Ibid.*, fol. 80 r°). — «Laquelle padrerie de présent n'a que 2 feuz». — Le mal avait été rapide, car en 1546 on lisait dans le *Pouillé* : «Castellarium et forestam que dicitur de Mons, et totam parrochiam de Lillhan...» (VILLIET, *op. cit.*, p. 29). Les dernières maisons finissent par céder et le rédacteur de l'*Invent. de Lesparre* note : «Au lieu de Lilhan, en ladite terre prez de la grande côte, que les sables toutes fois ont couvert, n'y a plus de maisons» (fol. 27 r°).

[4] «... n'y a à présent aucun village, ains ung moulin à cens seulement» (*Ibid.*, fol. 94 v°). — «Deserta et cooperta aquis» (*Pouillé* de 1648).

[5] «... n'y a à présent aucun villaige» (*Invent.*, fol. 94 v° et 104 r°).

[6] MASSE, Cartes.

[7] «Pour reprendre le chemin des monts de sables, laissant le long de l'Océan et main droicte sont les bois de Teste-Corneille et forêt de la Bresque deça Vendais» (*Invent.*, fol. 22 r°). «Plus haut, prez des sables, est le petit et grand Mont, qui sont grant pinadas, qu'ils appellent et que anciennement et sallon les enciens titres s'appelloient la grand forestz de Mont» (*Ibid.*, fol. 22 v°). «Prez de là, étang de Cartignac» (*Ibid.*). Le Petit Mont était sur le parallèle de Lesparre. Cf. BELLEYME et DURÈGNE, *Dunes primitives*, déjà cité, p. 13, et *Soc. de Géogr. de Bordeaux*, 1897, p. 171. — Un chemin public conduisait au Mont : «Ex parte itineris vocati de la Reyna per quod tenditur versus Solacum, videlicet versus Montem» (Titre de 1356, cité par BEAUREIN, t. I, p. 93). — C'est de ces bois que parle MASSE (*Mém. du 4ᵉ carré de Guienne*, 1706) : «Les bois vers le Nord de l'étang de Cartignac étaient jadis plus grands, mais les sables les couvrent peu à peu. — «La forêt de Cartignac était jadis plus considérable, mais les sables la couvrent en se joignant au bois de Barbarieu, dont il s'est fait une rupture par les sables, dite Porte-Sable (*Mém. du 3ᵉ carré de Médoc*, 1708).

[8] *Invent.*, fol. 21 v°.

[9] «Le Grand Mont a mesme étendue que l'étang de Cartignac» (*Ibid.*, fol. 22 v°).

à-dire 3 kilomètres plus au Nord que de nos jours le lac d'Hourtin [1], mais les dunes le gagnaient visiblement [2].

À l'Est des forêts de Mont, une lande désolée occupait le pays [3]. Au Sud, elles se prolongeaient jusqu'au lac d'Arcachon [4].

VI

La précision de l'Inventaire de Lesparre n'est pas continuée au XVIIe siècle par les géographes hollandais ou par les cartographes français. Seuls les dessinateurs de cartes nautiques fournissent un appoint sérieux, et nous pouvons suivre les convulsions fluviales de la Gironde.

L'Océan devait continuer son mouvement de recul. Sur l'Océan, Anchises [5] se perpétue, au fond d'une échancrure qui a moins été

[1] Six lieues de long sur une de large (*Ibid.*). — « Les dunes ont comblé le marais qui prolonge à l'Est l'étang de Cartignac » (MASSE, *Mém. du 3ᵉ carré de Médoc*).

[2] « Mais les sables gaignent grandement de jour à l'aultre, de sorte que la plus part de grands arbres sont assablés » (*Invent.*, fol. 22, v°).

[3] *Invent.*, fol. 25 r°.

[4] « La forêt de Lacanau joignait les bois au Nord et au Sud » (MASSE, *Mém. du 4ᵉ carré de Médoc*, 1708).

[5] *Portulan* (Bibl. Nat., Inv. 1059). — P. BERT, *Imperium Caroli magni* (C. 8422) : havre sans nom où aboutit une rivière. — W. JANZ (*Zee Spiegel*; Amsterdam, Blaeu, 1610; Bibl. Nat., Cartes, Ge FF 849) dit (p. 24) que les grands bateaux entrent à Anchises, marqué comme un large havre dans sa carte : *Van de Rivier van Bourdeaux*. — N. Ant. FABRICIUS Bleynianus (*Carte ecclésiastique*, 1624; Bibl. Nat., Cartes, Ge DD 627) fait de la rivière d'Anchises (!) le havre d'Arcachon et la Leyre. — SAVARIUS (1627) place Anchises au fond et au Nord d'une baie considérable (DUTRAIT, *Topogr.*). — Jacob AERTZ COLOM, *Spiegel der Zee*: Amsterdam, 1632 (Bibl. Nat., Cartes, Ge DD 313); carte : *De Custen van Poictou en Xaintoigne van den Cardinael de rivier van Bourdeaux*. — Anchises sur la rivière, dans l'atlas de G. Mercator et Hondius (Amsterdam, Hondius, 1635; Bibl. Nat., Cartes, Ge DD 1210). — Le golfe n'est pas nommé dans *Del Arcano del mare*, di Ruberto DUDLEO, duca di Northumbria, conte di Warwick (Firenze, 1647; Bibl. Nat., Imprimés, V. 496) : *Carta particolare della costa de Guasconnia in Francia*. Au Nord, est marqué : *Capo del Fiume*. — Havre d'Anchises dans J. JANSONN, 5ᵉ partie du *Grand atlas contenant une parfaite description du monde maritime* (Amsterdam, 1650; Bibl. Nat., Cartes, Ge DD 1199) : *Tabula hydrogr. de oris Andulusiæ...* *Biscaiæ*, etc.; — mais la carte *Gallia J. Cesaris*, dans JANSONN, *Orbis antiqui delineatio*, édit. de Horn, 1654 (Bibl. Nat., Cartes, Ge DD 1214) est une copie de l'Atlas de 1635. — N. SANSON, *Atlas universel*; Paris, 1658. La carte du Gouvernement général de Guienne et Gascogne est de 1650. On y voit figurer deux baies. — « Entre Bordeaux et Arcasson, au 1/2 chemin, est la petite rivière d'Anchises, où il ne peut entrer que de petits navires, et encore l'entrée en est difficile, et c'est pourquoi elle n'est hantée de personne. Cette rivière assèche toutes les

un golfe qu'un simple havre de marée, où la rivière formait la chasse, mais qui s'obstrue rapidement[1].

La passe de Grave s'ensable au Sud-Ouest et ne se modifie guère au Nord-Est[2]. Barbe-Grise apparaît[3]. Le banc de Goulée se dessine de la hauteur de Mortagne à Saint-Christoly[4]. Des bancs

marée» (R. Bougard, *Le Petit Flambeau de la mer, ou le véritable guide des pilotes côtiers*, 1682, et édit. rev., corr. et augm.; Le Havre de Grâce, 1689, petit in-4", p. 179). — «Terre nue et sablonneuse, entre deux est le havre de marée nommé Anchises, dans lequel on peut entrer de haute mer avec de grands navires» (*Le Grand et nouveau Miroir ou flambeau de la mer, trad. du flamand en français*, par Paul Yvonnet; Amsterdam, H. Donker, 1684 (Bibl. Nat., Cartes, Ge DD 183). Cf. *Parfaicte Pascaerte van de rivier van Bourdeaux*; Amsterdam, H. Donker, s. d. (Ibid., Pf 193 [5653]), et *Pertinente Vertooninghe van het inkommen der rivier van Bourdeaux* (Ibid., Pf 193 [5655]). Quoique Yvonnet ne parle que d'Anchises, il indique deux baies. — Il n'y a pas d'estuaire ni de fleuve dans le *Neptune français* (Impr. royale, 1693; carte particulière des *Costes de Guienne, Gascogne en France et de Guipuzcoa*; Bibl. Nat., Cartes, Ge 1128 et 17663). Même carte, par Jaillot, 1693 (Bibl. Nat., Cartes, C 13820). Très bien faite, elle indique à l'Ouest, du Sud au Nord, le Grassiou-de-Beautemps, la pointe des Rousniers, celles de Lavardin, de Soulac et de Grave. Le chenal des Olives n'a que deux bras ses d'eau. — Hooge, 1693 (cité par Détrait, *Topogr.*), indique la rivière et Anchises. — A. Holl, 1693 (cité par Détrait, *ibid.*), indique un estuaire sans nom, de même que Van der Keulen, 1693 et 1698.

(1) «Perilha assablé», à la hauteur de Grayon, pas d'Anchises, dans la *Carte du Bourdelois, du pays de Médoc et de la prevosté de Born*, éditée par J. Le Clerc (Bibl. Nat., Cartes, Ge DD 647), et reprod. par Boisseau, *Théâtre des Gaules*; Paris, 1642 (Ibid., Ge DD 445). — Il y a une île dans l'estuaire. *Arcano del mare*, de R. Dudley, 1647 (voir plus haut).

(2) W. Janz, Blaeu, 1610, 3 brasses au Sud, 5 au Nord. — J. Colom, 1632, de même. — R. Dudley, 1647, 3 brasses au Sud, 6 au Nord. — Clerville, 1650 (Arch. de la Marine), donne 3 1/2 brasses de fond entre la côte et le Routliat. — Dans la carte de l'*Embouchure de la Gironde*, au 1/165,000ᵉ, 1677 (Bibl. Nat., Cartes, Dl 94-87) : 2 brasses entre les Olives et la côte, 1 1/2 sur le banc (un petit banc, au Nord des Olives, arraché à la côte de Soulac), 2 1/2 à 3 1/2 entre Routliat et la pointe. — 4 et 4 brasses dans Bougard, 1682. — 4 brasses dans le Pas de Grave, dans Yvonnet, 1684. — De 2 à 4 brasses entre la côte et le Routliat, dans le *Neptune*, 1693.

(3) Carte de 1677. — Yvonnet, 1684 (Barbe-Grise est accolée au rivage). Au Sud de la pointe, banc de Taillefer. Dans la fosse du Verdon, 2 brasses seulement.

(4) W. Janz, Blaeu, 1610. — J. Colom, 1632. — R. Dudley, 1647. — «Tallemmond», Saint-Seurin (3 bancs), By, Castillon, dans la carte de 1677. — Un immense banc va de la hauteur de Jau à Pauillac, relié à Taillefer par deux bancs de médiocre largeur. Yvonnet, 1684. — Dans le *Neptune* de 1693, sont indiqués les bancs de Tallemond, Saint-Seurin, Mortagne, By, Castillon, Cadourac, Saint-Vincent.

figurent devant Saint-Seurin de Cadourne [1] et Pauillac [2]. L'île de Jau atterrit [3] peu à peu, pour faire partie de la côte en 1648.

Le chenal occidental s'envase de Saint-Christoly à Pauillac [4].

Un nouveau Soulac a remplacé, sur la Gironde, un Soulac enseveli dans la dune [5]. Il est déjà en arrière du fleuve et on y accède par un chenal [6].

Au nord de Soulac, Saint-Nicolas-de-Grave se maintient, mais pour peu de temps [7]. Les étangs de Lacanau et d'Hourtin communiquent par un large canal [8], ou plutôt ne font qu'un [9].

[1] W. Janz, Blaeu, 1610. — J. Colom, 1632. — R. Dudley, 1647. — Carte de 1677. — *Neptune*, 1693.

[2] W. Janz, Blaeu, 1610. — J. Colom, 1632. — R. Dudley, 1647. — Sanson, 1658. — Maine et Saint-Vincent, Pauillac, dans la c. de 1677. — *Neptune*, 1693.

[3] J. Colom, 1632. — J. Jansonn, *Le Nouveau Miroir du monde*, 1644 (Bibl. Nat., Cartes, Ge DD 1197) : *Bourdelois et pays de Médoc*; carte reprod. par Blaeu : *Xaintonge avec le pays d'Aulnis*; Amsterdam, 1662 (Bibl. Nat., Cartes, Ge DD 1190). — J. Le Clerc, 1630 : Joau (pour Jau) est bordée d'un «bois palué». — Nic. Visscher, *Gallia, vulgo la France*; Amsterdam, F. de Wit (Bibl. Nat., Cartes, Ge DD 1255). — Sanson, 1658. — Jau n'est plus île dans la carte de 1677. — Reliée à la côte, dans Yvounet, 1684. — N'est plus île dans *Neptune*, 1693.

[4] De 3 à 6 br., dans W. Janz, Blaeu, 1610. — De 3 à 5 et 2 br., chez J. Colom, 1632. — De 5 à 7 br., dans R. Dudley, 1647. — Du chenal de By à Pauillac, les côtes sont de 4 br. au maximum, près du bord, et de 8, 9 et 6 br. près des bancs, dans la Carte de 1677. — 4 br. dans Bougard, 1682. — 4 et 3 br. dans Yvounet, 1684.

[5] W. Janz, Blaeu, 1610. — J. Colom, 1632. — Bougard, 1682. — Yvounet, 1684.

[6] J. Jansonn, 1644.

[7] J. Jansonn, 1644. — Carte de 1677.

[8] Carte de la Guienne, 1635 (Archives dép. de Bordeaux, n° 209; Dutrait, *Topogr.*); «étang doux du Médoc», effluant, au N., dans l'Océan. — Mêmes faits dans Clerville, 1650. — J. Jansonn, 1644. — Blaeu, 1662. — Un seul lac, dit Étang doux de Médoc, dans J. Le Clerc, 1630. — Boisseau, 1642. — Visscher. — Sanson, 1658. — De même dans la carte : *Galliarum descriptio*, corrigée par Robert sur les notes de Dom Bouquet et de Lebœuf (Bibl. Nat., Cartes, C. 8422). — «Étang de Médoc», dans *Nouvel Atlas* (Leyde, van der Att, s. d.; Bibl. Nat., Cartes, Ge DD 1248): *Carte du Gouvernement de Guyenne et de Gascogne*. — Cf. A. Leclerc, les cartes de la *Géogr. univ.* de Du Val d'Abbeville, 1682 (Bibl. Nat., Cartes, Ge DD 1221 à 1231), et Nic. de Fer, 1698 (*Ibid.*, Ge DD 1219). — Hooge, 1693. — L'étang communique avec la mer, dans Domin. de Rossi, *Paese de Medoc*, 1695 (Dutrait, *Topogr.*). — Du Val, *Royaume d'Aquitaine*, 1704 (Bibl. Nat., Cartes, Ge DD 1145).

[9] «En hiver, par grosses eaux, les deux étangs n'en paraissent qu'un». Masse. *Mém. du 4e carré de Médoc*, 1708.

Sainte-Hélène existe toujours [1], ainsi que Talaris [2], devenu marais.

Mais l'étang s'avance vers l'Est [3], ensevelissant l'église de Lacanau [4] et diminuant ses rives, tandis que les dunes couvrent les
sanctuaires du Porge [5], d'Arès [6], de Lauros [7], et surtout de Lège [8].

La cartographie du XVIII⁰ siècle me semble ne devoir apporter à
la question qu'un médiocre intérêt, si j'en excepte Masse et Cassini.

Dans la première moitié du siècle, les géographes constatent la
coupure faite par les dunes entre les étangs et la mer. Les étangs
de Lacanau et d'Hourtin sont reliés par une rivière ou un bas-ter-
rain, et leur jonction avec l'étang d'Arcachon est d'ordinaire nettement marquée [9].

[1] Au nord de Cartignac, dans J. Le Clerc, 1630. — Boisseau, 1643. —
J. Jansonn, 1644. — Blaeu, 1662.

[2] J. Le Clerc, 1630. — Boisseau, 1642. — «Taris», dans l'Atlas de Leyde,
Van der Att. — Inondée au XVII⁰ s. Beaurein, t. II, p. 56.

[3] «Les étangs à l'ouest du Porge étaient jadis plus vastes, et les dunes, qui
avancent continuellement, les comblent insensiblement, comme les marais et ruisseaux qui viennent des landes et de Lacanau. L'hiver, les eaux refoulées inondent
le pays.» Masse, *Mém. du 5ᵉ carré de Médoc*, La Rochelle, 1708.

[4] «Il y a vingt ans, on a construit une nouvelle église, l'ancienne étant couverte par l'étang.» Beaurein, t. II, p. 56.

[5] Beaurein, t. II, p. 68 : «La mer a gagné de 3 lieues, poussant les dunes.
— L'ancienne église du Porge était à 3,000 mètres plus à l'Ouest que celle de
nos jours, sur la dune de la Glaize-Vieille.» J. Bert, *Notes sur les dunes*, p. 6.

[6] L'église fut déplacée en 1559 et 1619. Darnal, suite à de Lurbe, édition
de 1620, p. 13. — La première église était à Testas. (Beaurein, t. III, p. 397.)

[7] Beaurein, t. II, p. 64.

[8] «Les sables avancent chaque année de 10 toises; quelquefois, en deux ou
trois jours, un grand vallon devient une prodigieuse montagne, et, où était la
montagne, il se trouve un vallon, ce qui a fait découvrir souvent des vestiges de
maisons et racines d'arbres, qui étaient autrefois villages, bois, prairies ou terres
labourées.» Masse, *Extrait sur Bordeaux*, 1723. — «L'ancienne église était dans
le voisinage de la dune des Pas-Coyaux, à environ 2,000 mètres au Nord du
Lège actuel.» (Procès-verbal de bornage de 1783, dans J. Bert, *Note sur les
dunes*, p. 6.)

[9] Nolin, *Royaume de France*, s. d. (1700). (Bibl. Nat., Cartes, C. 12.648.)
— Frère F. Le Chevalier, R. B., 1710, *Carte géogr. des abbayes et monastères de
la congrégation de Saint-Maur*. (Ibid., C. 8422.) — De L'Isle, *Carte du Bourdelois, du Périgord*, etc., 1714. (Ibidem.) — Pourtant Masse observait, en 1708,
que «les sables ont presque comblé le lit de l'ancien chenal, où il y a peu d'eau
l'été.» (Masse, *Mém. du 5ᵉ carré de Médoc*.)

Anchises n'existe plus qu'à l'état de souvenir[1].

Près de la côte Ouest figurent l'étang de la Barrière, à l'ouest de Grayan (aujourd'hui la Barreyre) et des localités à l'est des étangs : Cartignac, Hourtin, Berre, Sainte-Hélène, Devinas, Talaris, Lacanau, le Porge.

Saint-Nicolas persiste au Nord[2], réduit à l'état de chapelle[3].

Des bancs suivent le littoral girondin[4], dont les bords sont jalonnés de palus[5].

Le chenal de Mapon déverse les eaux du marais de Verteuil et des landes de Garrigou[6].

Les dunes se jouent des habitants[7] et vont anéantir Peyreron[8], au sud de Soulac, tandis que la mer cherche à détacher la

[1] «Entièrement comblé en 1689». (CHAZELLE, *Description des côtes maritimes de France*, 1690, ms. in-fol. Archives de la Guerre.) — Pourtant la carte de G. DE L'ISLE, ci-dessus, de 1714, indique le banc d'Anchises, au sud de la pointe de Laverdin, mais ne marque aucune échancrure. — De même Louis RENARD (*Atlas de la navigation et du commerce*; Amsterdam, 1739, in-fol.; Bibl. Nat., Cartes, Ge DD 205), dans la carte : *Gallia, Biscaia et Gallissia sinus*, indique encore la baie d'Anchises. — Anchises n'existe plus chez NOLIN, édit. 1746 et 1757. (DUTRAIT, *Topogr.*) — «Il y avait autrefois sur la côte, à 7 lieues environ du bassin d'Arcachon, une petite rivière nommée Euchize, qui allait vers l'étang de Cazaux(?). On croit même que c'était un port». *Mém.* de VILLIERS, 1779. Cf. *Mém.* de M. FLEURY, de la Teste, du 26 messidor an VIII (15 juillet 1800), cité par J. BERT, *Notes sur les dunes*, p. 17.

[2] Carte de DE L'ISLE, 1714.

[3] *Carte de l'entrée de la rivière de Gironde et partie de Guyenne (A chart of the entrance of the river of Gironde, etc.)*, s. d. (Bibl. Nat., Cartes, C. 17422).

[4] Marguerites, Talmont, Saint-Seurin, Mortagne, By, Castillon, Cadourne, Saint-Vincent, dans la *Carte de la rivière de Gironde*, par DE TOURONDEL, 1713. (Archives de la Guerre.) — Marguerites, Talais, Goulée, Saint-Christoly, Saint-Seurin, etc., dans la carte de DE L'ISLE, 1714. — Cf. la bien mauvaise carte de RENARD, 1739 — Marguerite, Taillefer, Saint-Seurin, Mortagne, By, Castillon, Cadourne, Saint-Vincent, au milieu du lit, dans la *Carte de l'entrée de Gironde*, ci-dessus.

[5] «Tout le sol, de Jaux à Lesparre, était jadis paluds à roseaux.» MASSE, *Mém. du 9ᵉ carré de Médoc*, 1708.

[6] Carte de DE L'ISLE, 1714.

[7] CUVIER (*Discours sur les révolutions du globe*, 1830, p. 166) dit que, vers 1720, douze ou quinze villages étaient menacés.

[8] Indiqué dans la *Carte de l'entrée de la Gironde et de son cours jusqu'aux rivières de Garonne et Dordogne*, par REVEILLAUD, à Blaye, juillet 1728, ms. sur calque (Bibl. Nat., Cartes, C. 18550²⁰⁰). — «Les sables ont couvert la majeure partie de la paroisse de Soulac», qui perdit «plusieurs marais et son four

presqu'île de Grave [1]. Avec Masse, la topographie du Médoc devient définitive [2].

Au Nord, c'en est fait complètement de Saint-Nicolas-de-Lillan [3].

actuellement enseveli sous les sables et qui portait annuellement au delà de 20 livres de revenu.» (Requête à la Chambre ecclésiastique de Bordeaux, 1748, dans Mezuret, p. 28.)

[1] *Carte de l'entrée de Gironde*, s. d. (Voir plus haut.) — «Avant peu, la mer coupera entre le Verdon et Soulac; par ce moyen, le Verdon demeurera isle entourée d'eau.» (Rapport de 1740, aux Archives de la Gironde, dans Mezuret. p. 25.)

[2] Je réunis ici l'indication bibliographique de tous les documents des Masse, dont je me suis servi pour le présent mémoire et qui sont conservés aux Archives du Ministère de la Guerre : I. CARTES : 1° *Partie de Saintonge, Médoc, et partie de Guyenne* (1710); — 2° *Partie du Bas-Poitou, du pays d'Aunis, et partie de Saintonge et Médoc*; — 3° *1er carré de Médoc* (1700); — 4° *1er carré de Médoc* (1707); — 5° *2e et 3e carrés de Médoc* (1707); — 6° *4e carré de Médoc* (1706); 7° *4e carré de Médoc* (1708); — 8° *5e et 6e carrés de Médoc* (1708); — 9° *8e carré de Médoc* (1709); — 10° *9e carré de Médoc* (1709); — 11° *10e carré de Médoc* (1700); — 12° *11e carré de Médoc* (1709); — 13° *12e carré de Médoc* (1709); — 14° *16e carré de Médoc* (1718); — 15° *17e carré de Médoc* (1723); — 16° *Embouchure de la Garonne* (1706); 17° *autre carte de l'Embouchure de la Garonne*; — 18° *Tableau d'assemblage de la carte du Médoc, Saintonge et Guyenne, en dix-neuf feuilles*; — 19° *Carte d'assemblage du Médoc*; — 20° *Renvoi pour la carte 76 (Cordouan)*. — II. MÉMOIRES : 1° *Mém. pour expliquer les parties de la carte générale où se trouvera partie de Saintonge et de Médoc*, La Rochelle, 1706, 4 ff.; — 2° *Mém. géogr. sur la partie du Bas-Poitou, pays d'Aunis et Saintonge*, 1715, in-4°, de 804 p. et 6 ff. (Copie à la Bibl. de La Rochelle, n° 2,926); — 3° *Renvois pour les lettres et chiffres de la carte générale du Bas-Poitou, Aunis, Saintonge et partie de Guyenne*; La Rochelle, 1719, 56 ff.; — 4° *Mém. du 1er carré de Médoc*; La Rochelle, 1707, 8 ff.; — 5° *2e carré*, 1707, 2 ff.; — 6° *3e carré*, 1708, 8 ff.; — 7° *4e, 5e carrés*, 1708, 2 ff.; — 8° *9e carré de Médoc*, 1708, 6 ff.; — 8°bis *Mém. sur l'idée de la carte générale de Médoc*, 1707, 8 ff.; — 9° *Mém. du 12e carré d'Aunis et de Saintonge*, 1706, 6 ff.; 10° *du 13e carré*, 1706, 8 ff.; — 11° *Mém. du 1er carré de Guienne et cours de la Garonne*, 1706, 4 ff.; — 12° *du 4e carré de Guienne*, 1706, 3 ff.; — 13° *du 11e carré de la carte générale de Guyenne et partie de Saintonge et Médoc*. 1710, 2 ff.; 14° *Mém. sur la carte part. de Médoc et de pays de Buch*. 1710, 2 ff.; — 15° *Mém. relatif au tableau d'assemblage de la carte du Médoc, etc.* (Voir plus haut), 1710, 8 ff.; — 16° *Mém. sur les côtes de Blaye, Bourg et Bordeaux*, 1723; — 17° *Mém. sur Bordeaux*, 34 ff., et *Extrait d'un Mémoire sur Bordeaux*. 1723, 34 p.; — 18° *Mém. du 53e carré de partie de Saintonge, Vitrezay. Blayais et partie de Médoc*, 1723, 10 ff.; — 19° *Mém. du 44e carré*, 1724. 19 ff.; — 20° *Mém. des renvois, chiffres et lettres posés sur cette carte*, 1723; — 21° *Abrégé des Mémoires et remarques les plus intéressantes que le sieur Masse a fait en levant les cartes de la partie de la Basse-Guyenne de 1688 à 1723* (1757).

[3] Masse, *Mém. du 1er carré de Guienne*. 1706.

Cordouan n'est plus qu'un roc couvert d'eau[1], à 4 kilomètres de la côte.

La Gironde s'ensable graduellement[2]. Le banc de Goulée figure comme île. Le long de la Gironde, les atterrissements sont marqués par le comblement de l'anse du Verdon, par une série de marais incultes[3], desséchés de 1646 à 1648 par les Hollandais[4] : au nord-ouest de Talais (route de Talais à Soulac), de Courbian à Loirac (ancien golfe de Lesparre), desséchés en 1697 ; à l'est et au sud de Vensac (marais de Saint-Vivien et de Vensac à Cadourne, desséchés en 1650).

La côte, à l'est de Jau, est marquée à peu près par la route actuelle de Valeyrac à Saint-Vivien[5].

Quelques chenaux sont encore navigables pour les barques[6].

Dans la région des étangs, nous constatons la diminution de l'étendue des lacs et des bois, et particulièrement le principe d'une communication des étangs non plus vers le mer, mais vers Arcachon, et la Garonne, vers Soulac, les marais de Saint-Vincent et Saint-Laurent[7]. Au nord de l'étang d'Hourtin, le marais de la Perge est toujours inondé.

La valeur de l'œuvre de Masse et de ses fils[8], reconnue aujour-

[1] «Il ne restait dans l'île aucun vestige en 1713; mais, à mer basse, on voit un grand rocher plat.» MASSE, *Extrait d'un mémoire sur Bordeaux*, 1723. — Dans TASSIN est marqué un village, qui est dans l'état de 1584.

[2] «Le fond de la Gironde n'est plus navigable comme autrefois.» MASSE, *Mém. du 12ᵉ carré d'Aunis et Saintonge*. 1706. — Un banc flanque à l'Ouest celui de Goulée «nouvellement formé» (cartes), découvrant encore peu ; celui de By couvre à toute marée, celui de Castillon varie.

[3] MASSE, *Mém. du 1ᵉʳ carré de Médoc*, 1707.

[4] MASSE, *Mém. du 9ᵉ carré de Médoc*, 1708. — «Les marais de Talais étaient cependant peu praticables.» MASSE, *Mém. du 1ᵉʳ carré de Guienne*, 1706.

[5] MASSE, *Mém. du 9ᵉ carré de Médoc*, 1708.

[6] «Saint-Vivien et Soulac.» MASSE, *Mém. du 1ᵉʳ carré de Guienne.* — Grosses barques dans le chenal de Goulée (cartes).

[7] MASSE, *Mém. du 3ᵉ et du 4ᵉ carré de Médoc*, 1708. Dans la carte du 4ᵉ carré, au N. O. de l'étang de Lacanau, est marqué un golfe, dit «Goblet d'Aunis». En face, le «Goblet de Les Pins», où efflue un ruisseau venant du port de la Bernouse. A l'Est, une série d'îles bordent le littoral de Lacanau. A l'Ouest, au Sud du promontoire des Pèlerins (auj. Pelegrin), se trouve «le vieux goulet ou ancienne embouchure», et «la Matte ou île flottante». Un déversoir se fait par la Perge et le Gua (cartes).

[8] *Table des renvois ou légendes pour le plan de la ville et chasteaux de Bourdeaux*, 8 ff. — *Dénombrement ou instruction avec la ville de Bourdeaux*, dressé par

d'hui, lui valut d'être copié dans la suite par des cartographes peu consciencieux, tels que Ricard [1].

Dans la seconde moitié du xviii° siècle, la Gironde qui, un siècle auparavant, dessinait sur le rivage médocain un arc de cercle tourné vers le Nord, s'efforce de rendre la côte rectiligne [2]. Une ligne de bancs divise la Gironde en deux lits, ou s'accolent à la côte [3], surtout Talais, relié à mer basse par un platin de vase [4].

Au Nord, le Pas de Grave s'ensablait [5].

L'ancien Roufliac est remplacé par une large matte [6].

BITRY, *complété par les* MASSE, 1723, 136 pp. et 5 ff. Archives du Ministère de la Guerre.

[1] 1756 (Bibl. Nat., Cartes, C. 13520, n° 6). C'est la carte au 1/28860, annexée au rapport de Ricard, du 25 sept. 1756.

[2] GOURSAULT, *op. cit.*, p. 9.

[3] Banc de By, en deux tronçons. (BLONDEAU, *Cours de Gironde*, 1747; Archives de la Guerre.) — BELIN, 1751-1753 (Bibl. Nat., Cartes, Dl. 94-97): *Embouchure de la Gironde.* Taillefer se réduit. B. de Talais et Goulée, à l'Ouest: plus à l'Est, bancs de Goulée; au N. E., bancs de By, de Castillon, de La Maréchale, de Saint-Estèphe (2 bancs), du Fraineau, de Saint-Vincent. Profondeur entre la côte Ouest et Talais : 9, 7 et 6 brasses; entre les autres et le Médoc, de 5 à 8 brasses environ. — Il n'y a pourtant que 3 ou 4 brasses du Verdon à Goulée, dans LE ROUGE, *Recueil des costes maritimes de France*, Paris, 1757, in-fol.; Bibl. Nat., Cartes, Ge ff. 4475). — Barbe-Grise, et en face Taillefer; Talais et Saint-Vivien qui s'accolent à la côte du Bec de Jau, Tallemond, Richard, etc. Entre Talmond et Saint-Vivien, 7 brasses. DE KEARNEY, *Carte des entrées et cours de la Gironde, depuis son embouchure jusqu'à Playe*, 1767. (Bibl. Nat., Cartes, Recueil ms. C 2936.) — Plus de Barbe-Grise, mais Taillefer figure dans MAGIN, 1772. (Bibl. Nat., Cartes, Dl 94-87; l'original manuscrit *ibid.*, C. 13250.)

[4] C'est un fait très net pour Talais. (BLONDEAU, *Carte du cours de la Gironde jusqu'à Patiras*, 1747, au 1 : 57600; Archives de la Guerre.) — MAGIN, 1772. (Bibl. Nat., Cartes, C. 13520.)

[5] «Passe de Grave, 11 à 12 pieds; passe de la Porte, 5 à 6 pieds. (DE CHABANNES, *Mém. sur la côte de Saintonge*, 1746, ms., 4 ff., p. 4; Archives de la Guerre.) — Ph. BUACHE, *Carte des côtes comprises sur l'Océan dans l'étendue de la généralité de Bourdeaux*, tirée du *Neptune français*, 1752 (Bibl. Nat., Cartes, C. 18550, n° 246): 3 br. au Nord de Grave, 3 br. à l'Ouest de Soulac, 2 br. au S. O. de Soulac. Barbe-Grise n'est pas indiquée. A l'Est du Verdon, de 6 à 7 br. Pourtant BELIN (1751) marque 4, 9, 6, 8 br. de fond. — 2 br. entre la Matte et Grave, 4 br. entre le Chevrier et la côte, dans LE ROUGE, 1757. — 5 et 4 br. dans KEARNEY, 1767. La passe entre Cordouan et le Chevrier s'ensable. 4 br. dans DICQUEMARE, *Le Ponant*; Le Havre, 1772. (Bibl. Nat., Cartes, C. 1306.) — De 5 br. à 3,8, dans MAGIN, 1772: le Chevrier s'allonge à l'Est vers la Matte.

[6] BELIN, 1751. — LE ROUGE, 1757.

Entre le Chevrier et la côte, au nord des Olives[1], sourd le dangereux banc de la Grenotière[2].

Les chenaux se fermaient, surtout celui de Soulac[3].

A l'ouest du pays, il y a toujours une communication entre Hourtin et Lacanau[4], mais encombrée d'îlots[5].

Le déversoir sur le lac d'Arcachon se maintient[6].

Les dunes au sud de Lacanau continuent à s'avancer de 25 mètres environ par an[7].

La côte des Landes, d'autre part, offrait encore des points de débarquement possibles : à la tête de l'étang d'Hourtin[8], au Gurp[9], à Montalivet[10], c'est-à-dire vers les anciens golfes redressés.

Le fait qui a le plus frappé, à la fin du xviii° siècle et au xix°, c'est la rapide érosion de la pointe de Grave[11], où les dunes met-

[1] BELIN, 1751. (Cf. *Ports de France*, t. VI, p. 568.) — LE ROUGE, 1757. - 12 à 13 br. dans KEARNEY, 1767, qui met, par erreur, Anchise à la Négade.

[2] BELIN, 1751. - LE ROUGE, 1757, etc.

[3] Ensablé au début du xviii° s. (J. BERT, *Note sur les dunes*, p. 20.) En 1746, les chenaux de Goulée, By et La Maréchale donnent encore accès aux barques de 30 tonneaux. (DE TOURNY, *Lettre au comte d'Argenson*, 22 sept. 1746, 10 ff., p. 4; Archives de la Guerre.)

[4] Il n'y a pas de déversoir dans la carte imparfaite de MANQUESSAC (10 janv. 1761) : *Carte de la Gironde, avec la reproduction des villes, châteaux et autres possessions des Hospital et Templiers, du 12me au 18me* (Bibl. Nat., Cartes, Ge DD 1112.)

[5] LE ROUGE, 1757.

[6] LE ROUGE, 1757. (Berre, Devinas et Talaris sont toujours indiqués.) — DICQUEMARE, 1772.

[7] Procès-verbaux, dans J. BERT, *Note sur les dunes*, p. 7.

[8] «L'ennemi peut débarquer dans de petites chaloupes.» (BAZIGNAN, *Mém. relatif à la défense des côtes depuis le bassin d'Arcachon à la Teste jusqu'à la rive gauche de la Seudre*, 8 février 1794, 8 ff., p. 5; Archives de la Guerre.)

[9] «La plage de Grayan est abordable.» (BAZIGNAN, *ibid.*)

[10] «Près du village de Vendays est un passage entre deux marais, appelé Rive de Rousse.» (*Mém. sur la défense des côtes et pays de Médoc*, 1760, 6 ff., p. 6, et DE LORGE, *Observations sur les côtes de Médoc*, 1759, 4 ff.; Archives de la Guerre.) — «Riou de Roux.» (BAZIGNAN, p. 6.) — Le général Avril propose, en 1800, de défendre ce point, «commune de Vendays», ainsi que ceux signalés par Bazignan, la plage d'Hourtin et le Gurp. (*Reconnaissance de la côte de la Bidassoa à la pointe de Grave*, 4 ff.; Archives de la Guerre.)

[11] En 1758, la batterie de Grave était à distance de la mer. (*Carte du Médoc*, 1758; Archives de la Guerre.) De même en 1759. (Baron DE TULLIER, *Carte du diocèse de Bordeaux*; mêmes Archives.) — Batterie de la pointe détruite. (LAF-

tent, en outre, à l'épreuve la science des ingénieurs[1], particulièrement au nord de Soulac, à Girofle[2] et au Verdon[3].

FITTE, CLAVÉ, DE ROCHEPIQUET, *Mém. relatifs aux projets de deux forts ou batteries retranchées à l'embouchure de la Gironde; Royan, 1768; mêmes Archives.*) — «Elle s'est rongée de 900 toises.» (*Notes et remarques relatives à l'état des signaux, batteries et redoutes sur les côtes de France, 1794; mêmes Archives.*) — «En 60 ans, au rapport des marins, elle s'est rongée de 900 toises dans la direction du N. E. au S. E., il s'est opéré un autre changement dans la passe de Grave, qui s'est rapprochée de la côte à mesure que la pointe se rongeait.» (BAZIGNAN, *Mém.* cité, 1794, p. 7.) — Du même, carte au 1/180000°. Au bout de la pointe de Grave, il marque un banc de sable, et il ajoute : «Ancien sol de la pointe qui ne découvre jamais.» — «La batterie de Grave s'ensable beaucoup et est sur le point d'être détruite. Depuis 1758, la pointe s'est rongée de plus de 1,600 mètres.» (BLEIN, BORDENAVE, LE COUPÉ et CARRIÉ, *Rapport de la 4ᵉ Commission de l'inspection des côtes, depuis la rivière de Quimperlé jusqu'à la Bidassoa*, 96 p., p. 85; Archives de la Guerre.)

[1] «La batterie de la pointe de Grave se trouvait placée au milieu des dunes de sable. Journellement, elle était ensablée; indépendamment, on pouvait craindre chaque jour qu'elle ne fût ensevelie ou qu'elle ne s'enfonçât dans un terrain aussi mobile. On a donc été engagé à la détruire. De plus, l'emplacement se trouve aujourd'hui emporté par la mer. On a remarqué que, depuis huit ans, elle est entrée dans la partie de la Grave, chaque année, de 60 à 70 toises.» (DE RASTIGNAC, *Reconnaissance des côtes du commandement de la Guyenne*, 20 oct. 1788, 10 ff., p. 2; Archives de la Guerre.) — «Les dunes sont si mouvantes, qu'à chaque coup de vent elles changent de place.» (BAZIGNAN, *Note sur les ouvrages pour la défense des côtes de la Gironde*, 11 mai 1795, 4 ff., p. 2; mêmes Archives.)

[2] En 1756, Girofle n'était pas sur le bord de la mer. (RICARD, *Carte générale des côtes du pays d'Aunis et du Médoc, 1756 à 1762, au 1/216000*; Archives de la Guerre; — de même, *Carte du Médoc, 1758*; — baron DE TULLIER, carte de 1759.) — Batterie de Girofle détruite. (LAFFITTE, CLAVÉ et DE ROCHEPIQUET, *Carte de l'embouchure de la Gironde*, 1768.) «Elle était dans une anse.» (LAFFITTE, *Mém. sur le voyage de MM. de Rochepiquet, Godefroi et Laffitte*, 1768, 8 ff., p. 8; Archives de la Guerre.) — «Quelques précautions qu'on ait prises en construisant les redoutes, les plus récentes sont déjà détruites, effacées même, au point qu'il ne reste aucune trace de celle de Girofle.» SICRE, *Mém. et observ. pour mettre la côte de Médoc en état de défense*, 1772, 14 ff., p. 14; Archives de la Guerre.) — «Les batteries de Girofle sont détruites et leur emplacement sous les eaux.» (DE RASTIGNAC, *Reconnaissance*, etc., 1788.)

[3] En 1758, cette batterie était dans les terres. (*Carte de Médoc*, 1758; — DE TULLIER, carte de 1759.) — Batterie de la Chambrette détruite. (LAFFITTE, CLAVÉ et DE ROCHEPIQUET, *Embouchure de la Gironde*, 1768, et SICRE, *Carte de l'embouchure de la Gironde relative au projet de deux forts et de deux redoutes*, 1772, au 1/14000; Arch. de la Guerre.) — «Autrefois, il y avait une chapelle et un petit couvent nommé Saint-Nicolas, dans les dunes, où l'on prétend qu'il y avait toujours sept à huit religieux et qu'ils faisaient dans les 15 à 20 tonneaux

L'anse de la Chambrette, au sud-est de la pointe, est encore bien visible au milieu du xviii° siècle [1], tandis que la baie du Verdon atterrit [2].

Cordouan, dont la fausse braye asséchait encore au temps de Masse [3], a été mangé jusqu'au roc vif [4]. Les passes des Portes et de la Grenotière, fréquentées au début du xviii° siècle, se perdaient [5].

C'est que les convulsions de la terre n'ont pas de fin. Elles se perpétuent jusqu'à nos jours. Je n'entreprendrai pas, désormais, d'en étudier le détail. La topographie française depuis Cassini, et surtout pendant le xix° siècle, nous permet d'en constater la marche jour par jour.

Ici, c'est le marais de la Perge creusant dans la dune de l'Ouest un effluent à ses eaux [6]; là, ce sont les luttes incessantes des ingénieurs des ponts et chaussées contre l'érosion de la mer [7]; tandis que, dans le fleuve, le colportage des alluvions détruit et recons-

de vin. Présentement, il ne paraît plus que le haut de la chapelle, et tout le terrain des environs est inculte.» (DESMEURGES, *Mém. touchant la situation de la côte le long de la Gironde*. 1747; Arch. de la Guerre.)

[1] LAFFITTE, *Cartes et profils des côtes de la Gironde à son embouchure*. 1768; Arch. de la Guerre.

[2] «La mer dépose chaque jour des sables sur la côte Sud de la pointe. Ils forment des dunes qui avancent très lentement. A la pointe de Grave, les sables, rencontrant moins d'obstacles dans leur marche courte, s'y accumulent peu, glissent et vont se perdre dans la rivière.» (SICRE, *Mém. et observ.*, 1772, p. 18.)

[3] MASSE, *Renvois pour la carte 76*.

[4] *Mém. sur l'utilité de la tour de Cordouan*. (Archives des ponts et Chaussées de Bordeaux, Service maritime, dossier A, carton 599.) — Cf. Procès-verbal de TEULÈRE, n° 41. (LABAT, fasc. 4, p. 99.) — C'est que l'érosion atteint à Cordouan 10 mètres par an. (J. BERT, *Notes sur les dunes*. p. 19.)

[5] *Ports de France*, t. VI, p. 574.

[6] J. BERT, *Notes sur les dunes*, p. 19.

[7] «En 1836, les ingénieurs firent élever, à la pointe de Grave, à Tout-Vent, la Grande-Cantine, sur un plateau de 6 à 7 mètres. En 1852, la mer, qui était à 3 kilomètres, avait envahi la Cantine, et l'on peut voir à mer basse un puits de moellons déchaussés.» (DELFORTRIE, dans *Actes de la Soc. linn. de Bordeaux*. 1874, t. XXIX, p. 500.) — En 1838, les vagues avaient enlevé 40 mètres à la plage; la tour en charpente de l'ancien phare avait été emportée. «La batterie du fort, jadis à 200 mètres, se trouve à 50 ou 60 mètres de la mer. Les digues furent renversées.» (L. DE LAMOTHE, dans JOUANNET, *Statistique*, suppl., p. 85.) — «L'anse des Huttes est due à l'érosion. En 28 ans, la pointe de Grave a reculé de 600 mètres.» (*Ports de France*, t. VI, p. 576-577.) — Voy. des détails sur la côte océanique dans SAINT-JOURS, *l'Âge des dunes*, p. 33-35.

trait[1]. J'en ai indiqué, avec de nombreux documents, les grandes lignes au XVIIIe siècle. Le savant travail de M. Hautreux peut en fournir le complément et la conclusion. Seules les dunes se sont assagies; mais, qui pourrait prédire l'avenir de ce pays de Médoc, dont j'ai essayé de retracer l'histoire mouvementée?

[1] HAUTREUX, *Les Mouvements des sables dans la Gironde depuis 200 ans*, déjà cité. — Cf. GOUDINEAU, *Supériorité de la Charente sur les autres fleuves océaniques*, dans *Soc. de géogr. de Rochefort*, 1879, t. I, p. 24 : «On a vu disparaître le plateau des Marguerites, qui, depuis 1818, s'est exhaussé de 6 mètres.» — «Taillefer a disparu, les bancs de Mortagne et By se sont réunis, le platin de Richard s'est formé, les bancs de Castillon, de La Maréchale, de Cadourne, de Saint-Estephe ne sont plus.» (*Ports de France*, t. VI, p. 574.)